KB156271

블렌디드 러닝
이론과 실제
Essentials for Blended Learning
A Standards-Based Guide

Essentials for Blended Learning: A Standards-Based Guide
Jared Stein & Charles R. Graham, 2014
Authorized translation from English language edition published by Routledge,
an imprint of Taylor & Francis Group LLC. All rights reserved.

Korean Translation Copyright © Hankookmunhwasa Co., 2016

블렌디드 러닝

이론과 실제

Essentials for Blended Learning
A Standards-Based Guide

제러드 스타인 · 찰스 그레이엄 지음

김 도 훈 · 최 은 실 옮김

한국문화사

이 책의 특징

『블렌디드 러닝: 이론과 실제』를 통해 온라인 수업과 면대면 수업의 장점을 결합하여 효율적인 학습을 경험할 수 있게 해 주는 실용적이고 능률적인 학습법을 만나볼 수 있다.

이 책의 특징은 다음과 같다.

- **편리한 활용법**: 명확한 해설과 전문용어 사용을 배제한 내용, 그림, 온라인 자료를 활용해서 독자 이해도를 높였다.
- **능률적 구성**: 단순하지만 효과적인 설계 과정을 통해 수업에 적절한 환경 하에서 충분히 활용할 수 있는 수업 활동을 설계하는 데 초점을 맞추었다.
- **실용적 접근**: 각기 다른 과목에 대한 실제 예시를 활용해 교사들이 책 내용 속에서 원리를 이해할 수 있도록 하였다.
- **현대적 소재**: 이 책에 등장하는 다양한 최신식 연계 기술을 활용하면 현 수업 방식이 직면하고 있는 여러 문제들을 해결할 수 있다.
- **미래지향적 관점**: 이 책에 소개되는 수업 방식은 공식적인 교실 학습과 비공식적인 평생학습 간 격차를 줄여준다.
- **기준 기반**: 이 책에 나오는 가이드라인 및 기준들은 현장에서 진행 중인 현 연구나 관련 학습이론, 실무자들의 경험을 토대로 하고 있다.

블렌디드 학습을 효율적으로 시행하기 위해서는 교수 실습에 대해 진지하게 재고하고 수업 과정을 다시 설계하는 과정을 거쳐야 한다. 『블렌디드 러닝: 이론과 실제』는 수업을 변형하지 않고도 이 어려운 과제를 쉽게 해결한다. 이 책은 어떤 과목을 가르치는 교사라도 활용 가능하다.

제러드 스타인(Jared Stein)은 인스트럭처(Instructure)사에서 캔버스 기술을 활용한 학습플랫폼 크리에이터로 활동 중이다. 주요 관심사는 기술기반 고등교육이며, 통합 e-러닝 연구진과 공동연구를 진행하고 있다.

찰스 그레이엄(Charles R. Graham)은 브리검영대학교(Brigham Young University) 교육심리학 교수로 재직 중이며 기술매개교육 연구의 선구자이다. 블렌디드 학습환경 설계 및 평가에서 전문성을 인정받고 있다.

교실과 온라인상에서 20여 년 동안 수업을 진행하면서 새롭고 혁신적인 도구들에 가끔 놀라곤 한다. 심지어 월드 와이드 웹(World Wide Web)이 원격교육 방식에 혁신을 가져오기 훨씬 이전부터 많은 사람들이 교실 수업을 확대하고 수업의 질을 향상시키며 교실 밖에서도 수업을 진행하기 위해 다양한 기술을 활용하여 실험을 해 왔었다. 기술이 발전하면서 네트워크가 확대되고 수업 관행도 점차 다듬어지고 발전했다. 교수 학습 방법 또한 현재 블렌디드 수업 방식이 시도되면서 학습 및 개발을 지원하기 위해 다양한 툴과 기술이 사용되고 있다. 약 10년 전에 출간된 찰스 그레이엄의 저서 『The Handbook of Blended Learning』의 첫 장에 따르면 교육 내용을 전달하는 수업 방식과 상호작용이 일어나는 수업 방식을 결합한 경우는 오래 전부터 존재해 왔다고 한다. 하지만 학생들을 위해 현 수업 과정을 전략적으로 블렌디드 수업 형태로 새롭게 설계하려는 교사가 있다면 실용적으로 활용할 수 있는 자료는 그다지 많지 않은 것이 현실이다.

본서를 꼼꼼하게 읽어보면서 동료, 교사, 수업 설계자, 대학원생 등 나의 지인들이 이 책의 가치를 알아차릴 것이라고 확신한다. 또한 블렌디드 과정을 설계하고 시행하는 실용서로 활용하기에 본서가 가장 유용하게 활용될 것이라고 자부한다. 오늘날 고등 교육에 있어 블렌디드 수업 형태의 과정들이 늘어나고 있고 어떤 경우는 아무런 개연성 없이 이러한 형태의 수업이 늘어나고 있기 때문에 강사들 및 강사들을 지원하는 수업 설계자들에게 이해하기 쉬운 지침을 제공하는 일은 중요하다.

블렌디드 수업에 대한 책을 집필할 때 가장 큰 걸림돌은 **온라인 환경과 면대면 환경 모두에서 가장 좋았던 실제 수업을 모두 포함**시켜야 한다는 점과 학생들의 관심을 끌면서 효율적이고 효과적인 학습 환경을 조성하기 위해서 여러 개의 온라인 수업과 면대면 수업 중 어떤 수업을 선택해야 하는지 독자들에게 지침을 제공해 줄 수 있어야 한다는 점이다. 수업 설계자나 강사 개개인이 해내기에는 힘든 일이며, 블렌디드 학습을 설계하고자 하는 사람들을 지원해 주기 위한 효율적인 방법은 바로 블렌디드 학습 분야뿐만 아니라 교사 생활을 하면서 습득한 전문 지식을 다른 사람들이 알 수 있도록 각자의 경험을 말해주는 것이다. 이 책은 많은 분량(4장~8장)을 할애하여 수업 설계에 대한 실용적 지침을 상세하게 제공한다. 가끔 기대하는 특정 학습 성과(본서에서는 특정 블렌디드 학습 설계 및 과정)를 정확하게 규정하기가 불가능한 경우, 블렌디드 수업 설계에 대한 효율적인 지침을 반복적으로 제공하는 일이 실제로 상당히 어려워지게 된다.

이 책은 수업 설계에 대한 지침을 제공하는 역할을 할 뿐 아니라 **블렌디드 학습**을 통해 학습자, 교사, 교육기관 등이 제공받는 **기본적인 가치 및 혜택**에 대한 설명도 포함하고 있다. 교사(및 관리자)들이 블렌디드 학습을 통해 향후 누릴 수 있는 혜택을 인지하고, 블렌디드 수업 실습을 채택하는 데 따르는 어려움을 파악하는 일도 중요하다.

교사들과 수업 설계자들은 블렌디드 수업 과정의 모범 사례에 대한 기본 원리와 설명을 통해 필요한 지식을 제공받을 수 있긴 하지만, 블렌디드 과정 설계에 필요한 스킬을 개발하려는 노력도 필요하다. 단계별로 반복적으로 수업을 설계하는 것이 스킬 개발을 위해 가장 쉬운 방법일 수 있는 동시에 가장 완벽한 방법이다. 래피드 프로토타이핑(rapid prototyping) 원리는 이미 자신만의 수업 과정을 개발하고 수정한 교사들에게 회자되고 있으며, 이 원리를 바탕으로 블렌디드 과정 설계에 신중하게 접근하면 설계 속도 및 교육 품질을 향상시킬 수 있다.

교사들은 다른 사람들의 블렌디드 설계 사례를 구체적으로 살펴봄으로써 통찰력 및 아이디어를 끊임없이 개선할 수 있고 학습자로서, 교사로서 자신만의 과정 설계나 수업, 경험 등에 반영할 수도 있다. 이와 같이 반영된 수업 실습을 통해 이 책을 읽고 있는 독자들이 혁신적인 사고방식을 가질 수 있도록 자극을 준 결과, 과거의 경험과 현재의 적용 사례, 본서에서 접한 새로운 방법 등을 수업 대상인 학생들, 수업하고자 하는 내용, 교사로서의 본인의 상황에 맞추어 자신만의 블렌디드 수업에 접목할 수도 있다.

향후 몇 년 동안 블렌디드 수업(뿐만 아니라 교육 전체)의 형태가 지속적으로 변화 및 진화하게 되면 효과적이고 학습자들이 선호하며 효율적인 수업을 설계하는 데 필요한 필수 요소들은 남게 될 것이다. 우리가 학습자, 교사, 아이디어, 수업 내용 간 격차를 줄이기 위해 기술을 사용하는 한 본서는 교사들에게 소중한 자료가 되리라고 본다. 필자가 제안하는 것들은 불변의 것일 테니까….

브라이언 J. 비티
샌프란시스코 주립대학 교무부처장
2013년 4월

차례

들어가기 전에

이 책은 라우트리지(Routledge) 출판사가 내놓은 'Essentials of Online Learning' 시리즈물 중 두 번째 작품이다. 첫 번째 시리즈인 『Essentials of Online Course Design: A Standards-Based Guide』는 온라인 수업 과정을 설계하는 과정을 담고 있으며, 여기에서 소개되고 있는 많은 원리들이 블렌디드 과정 중 온라인 수업 과정 설계 시 적용되고 있다. 하지만 온라인과 오프라인 과정을 결합해서 개발하는 경우에 사용되는 전반적인 접근방식은 온라인 과정만 설계할 때와는 완전히 다르다. 왜냐하면 다음의 요소들이 필요하기 때문이다.

- 온라인과 오프라인 수업 각각의 장점과 단점 인지
- 기술이 아닌 수업 결과에 초점을 맞추어 진행되는 설계 전략
- 변화하는 집단 내에서 '차이'를 줄이고 학생들이 교감할 수 있도록 수업 방식들을 결합

본서는 오프라인 수업과 온라인 수업이 어떻게 효과적으로 활용될 수 있는지를 보여주는 블렌디드 과정의 예시를 제공하고 있다. 또한 특정 블렌디드 학습 설계 및 수업 전략들은 전통적인 수업 환경과 면대면 수업, 온라인 수업 환경 간 차이점을 최대한으로 활용한다.

1. 블렌디드 학습 설계를 위한 특별 지침

이 책의 목적은 관련 온라인 기술과 면대면 수업 모범 사례를 결합하는 효율적인 수업 방식을 개발하는 데 있어 교사들과 수업 설계자들에게 효과적인 기준 기반 방식을 제공하는 것이다. 여기에서 소개되는 지침의 특

성은 다음과 같다.

- **기준 기반**: 이 책에 소개되는 지침 및 기준들은 현재 진행 중인 연구, 관련된 수업 이론과 교사들의 경험 등을 바탕으로 하고 있다. 기준에 대한 체크리스트를 통해 독자들은 본인의 수업에 대해 분석하고 자기평가를 시행할 수 있다.
- **편리한 활용법**: 텍스트, 그림, 온라인 자료에 대한 참고 자료 등을 함께 실어 독자들이 개념에 대해 이해할 수 있도록 했다. 책 내용은 간결하고 명확하며 전문용어의 사용을 자제했다.
- **능률적 구성**: 단순하지만 효과적인 설계 과정을 통해 수업에 적절한 환경 하에서 충분히 활용할 수 있는 수업 활동을 설계하는 데 초점을 두었다.
- **실용적 접근**: 본서는 각기 다른 과목에 대한 실제 예시를 활용해 교사들이 문맥 속에서 원리를 이해할 수 있도록 하였다. 이 책은 이론을 바탕으로 하지만 이론서는 아니다. 또한 이 책에서 제공하는 팁이나 노트, 기회 등을 통해 잠시 쉬면서 충분히 아이디어를 구상해볼 수 있을 것이다.
- **광범위한 영역**: 광범위한 분야의 참고 자료를 읽을 수 있도록 각 장마다 참고 도서나 웹 페이지 목록을 실어두었으며, 교육 관련 웹 사이트를 통해 더 많은 정보를 얻을 수 있다.
- **현대적 소재**: 이 책은 교수 활동 시 발생하는 다양한 문제점을 해결할 수 있는 현대 사회 접속 기술들의 다양성 및 영향력이 점점 커지고 있다는 사실을 인지하고 있다.
- **미래지향적 관점**: 공식적인 교실 수업과 비공식적인 평생교육 간의 간격을 좁히는 일은 현대 사회의 도전 과제인 동시에 기회다. 이 책에서는 실제 수업 경험을 가능하게 해 주는 아이디어를 제공하고 전통적인 교실의 한계를 넘어서는 주제를 다룬다.

2. 특별 지침의 대상은?

이 책에서 제공하는 지침은 블렌디드 수업 및 교육과 관련되어 있는 모두를 위한 것이다. 예를 들면,

- 면대면 과정 혹은 온라인 과정을 블렌디드 수업 방식에 맞게 다시 설계 하느라 애를 먹고 있는 **교사**
- 기준을 바탕으로 하는 접근법을 통해 블렌디드 과정의 모델이나 예시, 원리를 적용하기 위해 교사들과 함께 작업하는 **수업 설계자와 기술자**
- 블렌디드 수업을 통한 직원 개발 프로그램 준비를 위해 이 지침을 기반 으로 하거나 기본 참고 자료로 사용할지도 모르는 **직원 개발 트레이너**
- 교육대학에서 블렌디드 학습 설계에 대한 과정을 가르치는 **강사**로, 이 지침을 활용해서 본인들의 학습자료 개발 부담을 덜고자 하는 분들
- 연구 혹은 인턴십 과정 중 블렌디드 학습을 탐구하기 위한 교육공학 프 로그램을 듣는 **학생**
- 블렌디드 수업에 대해 좀 더 알고 싶거나, 온라인 과정 혹은 블렌디드 과정의 효율성 및 실효성에 대해 회의적인 관점을 가지고 있는 **관리자**

3. 기준 기반 접근법

기술이 우리 삶의 방식에 어떤 영향을 끼치는지, 방과 후 세계에서 학생 들이 상호작용하는 방식에 기술이 어떤 영향을 끼치는지에 대해 교육자들 이 인지하느냐의 여부가 점점 더 중요해지고 있다. 교사들은 단지 기술 자체를 위해서가 아니라 학습 성과를 향상시키고 학습자 참여를 높이기 위해 기술을 사용해야 한다. 관리자 및 매니저들은 새로운 교수법이 학습 기대치를 충족하거나 기대치 이상인지 여부를 확실하게 보장해야 한다. 이 지침에 나오는 기준 기반 접근법은 교사들이 어려운 이론 때문에 힘들 어하지 않으면서 이러한 상황을 다룰 수 있도록 도와준다.

온라인 과정 수업 설계 적용 대상인 기준 가운데는 블렌디드 수업 과정 설계에 적용할 수 있는 유형이 많다. 실제로 라우트리지 출판사의 시리즈 물에서 다루고 있는 여러 기준들은 교육 및 학습 설계 시 일반적으로 널리 적용될 수 있다.

하지만 블렌디드 과정은 온라인 과정과 본질적으로 다르기 때문에 이

책에서는 새로운 기준을 도입해 블렌디드 과정 설계에 꼭 필요하다고 생각되는 요소들을 제공할 것이다.

『블렌디드 러닝 : 이론과 실제』는 단계별 방법을 활용해 블렌디드 과정을 만들어내고자 한다. 해당 기준들은 각 장에 나와 있으며, 교사들이 블렌디드 과정을 설계할 때 책의 내용을 반영하고 자기평가를 할 수 있도록 하였다.

이 책에서는 세 가지 형태로 기준을 제시하고 있다.

1. 각 장에서 다루고 있는 내용을 언급하는 경우로, 첫 번째 용도에 대한 예시는 다음과 같다.

   ☑ 수업 자료와 활동은 학습 성과를 내는 데 도움을 주었다.

2. 각 장이 끝나는 부분에 복습을 위한 요약이나 중점 체크리스트의 형태로 제시된다. 두 번째 용도의 예시는 다음과 같다.

   ☐ 수업 자료와 활동은 학습 성과를 내는 데 도움을 주었다.

3. 여러분의 블렌디드 과정 설계에 대해 지침을 제공하고 해당 과정을 평가하기 위해 부록 내에 있는 최종 체크리스트의 형태로 제시된다. 이 용도의 예시는 다음과 같다.

   ☐ 수업 자료와 활동은 학습 성과를 내는 데 도움을 주었다.

위와 같이 지침이 반복되면서 블렌디드 과정 설계의 필수 요소들에 대한 이해도를 높일 수 있고, 이러한 과정을 통해 독자들이 미묘하게 서로 연관되어 있는 각 기준들 간의 관계를 인지하는 데 도움을 줄 수 있어야 한다.

기본 원리

이 책에 나오는 기준은 수많은 참고 자료를 그 출처로 하고 있다. 대부분 각 장의 끝 부분에 보기 편하게 나열되어 있다. 블렌디드 교수 학습 분야에서 발표된 연구 결과나 교육 이론 혹은 '최고의 수업 실습'을 토대로 각 기준이 수립되었다. 그 중 몇몇은 저자들이 직접 경험한 블렌디드 과정 설계 및 수업에서 탄생했고, 자신만의 블렌디드 과정을 설계해서 수업했던 트레이닝 교사들에게서 나온 것도 있다.

4. 책의 구성

이 책은 블렌디드 과정 설계 과정을 독자들에게 소개하고 지침을 제공하기 위해 구성되어 있다.

- **1장: 블렌디드 교수 및 학습에 대한 오리엔테이션**에서는 기술을 활용해서 학습활동을 강화하기 위해 블렌디드 학습이 엄청난 유연성 및 기회를 제공하는 방법에 대한 설명과 함께 점점 기술이 만연한 삶 속에서 우리가 경험하고 있는 다양한 현상들에 대해 직접적으로 기술하고 있다.

- **2장: 블렌디드 과정의 구성 요소 - 둘러보기**에서는 블렌디드 과정 설계에 대한 여러 가지 예시들을 통해 블렌디드 과정에 대해 살펴봄으로써 전반적인 접근법, 특정 학습활동, 사용된 기술 등을 알아본다.

- **3장: 블렌디드 과정에 참여하는 학습자**는 정신(인지적)과 마음(정서적)을 모두 다룸으로써 의도적으로 학생들의 관심을 끌어 얻을 수 있는 혜택에 대한 기회를 탐구하는 단계로, 실제 블렌디드 과정 설계보다 먼저 고려되어야 하는 요소다.

- **4장: 블렌디드 과정 설계**에서는 블렌디드 과정을 재설계한다는 목표 하에 교사들로 하여금 본인들의 수업 과정을 재고하게끔 유도하고 있다. 쉽게 따라할 수 있는 설계 과정을 소개함으로써 여러분이 선택한 수업

방식이 최고의 학습 성과를 낳을 수 있겠다는 확신이 설 수 있도록 한다.

- **5장: 목표 및 성과로부터 과정 기획**에서는 학습 중심의 블렌디드 과정 설계를 위해 교사들이 견고하게 기반을 다질 수 있도록 돕는다. 블렌디드 평가 및 활동으로 이어지는 구체적인 학습 성과에 힘입어 높은 수준의 학습 목표가 나온다.

- **6장: 블렌딩 평가 및 학습 피드백**에서는 온라인 평가 방식과 오프라인 평가 방식을 함께 활용하는 것이 가능해지면서 평가를 통한 피드백의 중요성과 블렌디드 과정이 제공하는 장점에 초점을 맞추고 있다.

- **7장: 내용 중심의 학습활동 블렌딩**과 **8장: 집단 중심의 학습활동 블렌딩**에서는 온라인 수업이든지 오프라인 수업이든지 간에 유연성이나 효율성, 참여도를 높일 수 있는 학습활동을 설계하고 제작하는 방법에 대해 설명하고 있다. 7장과 8장에서는 온/오프라인 수업 방식에 대한 연구를 바탕으로 학습활동에 초점을 맞추고 있다.

- **9장: 온라인 활동과 오프라인 활동 배치**에서는 블렌디드 과정의 수업 형태나 홈페이지, 강의계획서를 구상할 때 온라인 활동과 오프라인 활동을 적절하게 결합하는 과정에 초점을 맞추고 있다.

- **10장: 블렌디드 과정의 지속적 개선**에서는 교사들로 하여금 다양한 툴과 전략을 활용해 블렌디드 수업 실습을 되돌아보고 평가하게 하며, 지속적으로 본인만의 블렌디드 과정을 설계를 개선하도록 도와준다.

부록에는 참고 자료 목록이 나와 있다. 블렌디드 과정 기준 체크리스트, 블룸의 교육목표분류학(Bloom's Taxonomy)의 주요 인지 과정 등도 포함된다.

5. 활용 방법

이 지침은 **블렌디드 과정 설계 시** 활용하기 위한 것이다. 책 내용을 처음부터 끝까지 읽은 후 여러분이 블렌디드 과정 설계 과정을 진행할 때 각 예시들을 검토하는 것을 권장하는 바이다. 하지만 여러분에게 허용된 시간이나 지식 정도에 따라 특정 주제를 바로 탐구하는 것이 가장 도움이 될 수 있다.

1~3장에서 블렌디드 과정 설계에 대한 예시를 보고 블렌디드 학습을 이해한 후, 4장에 나오는 블렌디드 과정 설계 과정을 살펴보면 된다. 블렌디드 학습 활용 범위에 대해 구체적으로 이해하고 싶거나 활용 정도가 이 지침 내용에 어떻게 영향을 주는지 알고 싶다면 시간을 들여 1~4장을 정독하길 바란다.

5~9장은 블렌디드 과정 설계의 핵심적인 기능을 다루는 장으로, 과정의 목표부터 본보기 레슨, 심지어 블렌디드 과정 웹 사이트 개발에 이르는 단계별 과정을 위해 활용될 수 있다. 여러분이 블렌디드 과정 및 수업 설계 과정에 대해 이미 알고 있거나, 다른 블렌디드 과정을 설계 중이라면 5장부터 읽길 바란다.

6. 용어

일관성 및 평이성을 위해 이 책에서는 여러 가지 단어로 표현될 수 있는 용어를 대표할 수 있는 특정 단어나 문구를 사용하고 있다.

- **교사**: 과정 설계자/개발자, 강사, 교수, 보조 교사, 트레이너 등을 의미한다. 교사/강사와 설계자/개발자 간 차별을 두어야 하는 경우에는 명확하게 구분하여 사용할 것이다.

- **학생**: 온라인 과정을 수강 중인 개인(즉, 연수생, 수업 구성원, 참가자)을 의미한다.

- **학습자**: 학습자라는 용어는 사람들이 지식을 개발하는 방법과 관련하여 특정 과정에 있지 않은 학생을 언급할 때 사용된다.

- **과정**: 이 책에서는 교사나 교육기관이 지정한 목표 및 성과를 위해 설정 되어 있는 체계를 가리킬 때 이 용어를 사용한다. '과정'은 다음에 나오 는 모든 대상을 포함한다. 즉, 대학교 및 전문대학 과정, 고등학교 과정 혹은 수업, 트레이닝 프로그램, 세미나, 워크숍 등이다.

- **학급**: 학습의 공동 목표에 맞춰 조직된 교사(들) 및 학생들로 구성된 집 단이다. '과정'이라는 용어가 수업의 내용, 평가, 활동 등을 언급한다면 '학급'은 과정에 참여하는 사람들을 가리킨다.

- **레슨**: 모듈, 단원, 강의, 장, 절 등을 지칭하기도 한다. 레슨은 특정 학습 성과에 맞춰 체계화된 수업을 총칭해서 부르는 용어로, 학습활동 및 평 가를 포함하고 있다. 레슨은 과정의 구성 요소다. 블렌디드 과정인 경우 레슨 안에는 온라인과 오프라인에서 일어나는 활동을 포함하고 있다.

- **목표**: 과정 차원의 성과 혹은 목적이라고 지칭할 때도 있으며, 범위가 넓어서 측정하기 어렵거나 몇몇 특정 학습 성과를 포함하는 학습 목적을 가리킬 때 '목표'라는 단어를 사용한다.

- **성과**: 학습경험을 성공적으로 완료한 직후 지식이나 행동, 태도 등에서 학습의 결과로 기대할 수 있는 구체적이고 측정 가능한 상태를 의미한다.

- **학습 관리 시스템(Learning Management System, LMS)**: 교사들이 수 업을 진행하고 학습활동을 좀 더 쉽게 만들며 학습을 모니터링할 수 있 도록 제작된 통합 툴과 기술로 구성되어 있는 웹 기반 시스템을 말한다. 학습 내용을 접하고 학급 구성원들과 관계를 형성하는 장소는 가상 세계 다. 학습 과정 관리 시스템(Course Management System, CMS) 또는 가 상 학습 환경(Virtual Learning Environment, VLE)이라고도 한다.

- **오프라인**: 전통적인 교실 환경에서 면대면으로 발생하는 미팅 혹은 활

동을 의미한다.

- **온라인**: 월드와이드웹이나 인터넷 기술을 통해서 일어나는 동기적(실시간) 또는 비동기적 학습활동을 의미한다.

- **성별**: 이 책에 나오는 예시에서는 임의로 남성 혹은 여성을 사용한다.

기술을 이용해 사람이나 정보에 즉시 접근할 수 있게 되면서 우리의 일상생활이 변화하고 있다. 이 책에서는 스마트폰, 태블릿, 노트북 등 이동식 전자 기기를 활용해 최상의 수업 방식을 제공하기 위한 목적을 가지고 오프라인 활동과 온라인 활동을 특정 목적에 맞게 '결합'하는 방법을 제시한다. 이것이 바로 블렌디드 교육이다. 즉, 온라인 혹은 오프라인 학습의 장점과 단점을 바탕으로 두 가지 학습 방식을 결합하여 배치하는 것이다.

블렌디드 과정의 경우 교사들은 학생들을 위해 새로운 학습 환경 조성을 목적으로 오프라인과 온라인 수업 중 최적의 수업 형태를 선택해서 결합할 수 있다. 연구에 따르면 블렌디드 과정은 효율성, 편리함, 학습 성과 등에 긍정적인 영향을 끼칠 수 있다고 한다. 블렌디드 과정에 온라인 수업을 좀 더 많이 넣게 되면 참가자들 입장에서는 일정에 대한 유연성이 증가하고 온라인 수업의 자동화 및 비동기적 특성으로 인한 학습 혜택을 누릴 수도 있다. 또한 현대적이고 사회적인 시스템인 웹을 이용해서 학습자들이 기존 교실 수업의 한계를 벗어나 다양한 세계를 경험하게 해 줄 수도 있다.

이러한 혜택을 일관되게 누리기 위해서는 교사들이 단순히 '디지털 성형(digital facelift)'에만 머무를 것이 아니라 의도적인 수업 과정 재설계를 통해 변환된 블렌디드 과정을 수립하는 것을 목표로 삼아야 한다.

브리검 영 대학(Brigham Young University)의 데이비드 윌리
(David Willey) 교육심리학 및 공학 교수는 기술 특히 인터넷
기술의 발달로 인해 야기된 우리 생활의 변화를 여섯 가지로 분
류하여 설명하고 있다. 그에 따르면 우리 생활의 변화 방향은
다음과 같다.

● **아날로그에서 디지털로.** 정보, 대중매체, 교류 활동, 경험 등이 점
점 더 온라인에서 진행되고 있다.

● **고정식에서 이동식으로.** 무선 네트워크, 노트북, 스마트폰, 태블릿
등을 통해 사람들은 언제 어디서나 디지털 세계에 접속할 수 있다.

● **고립에서 연결로.** 원하는 방식으로 웹상에서 전 세계의 사람들과
연결될 수 있다. 관련 이익집단이 발전하고 전문적인 연결 기법이
기하급수적으로 증가하면서 가족이나 친구들과 계속 연락하며 지
낼 수 있다.

● **집단에서 개인으로.** 우리는 더 이상 한 가지 관점의 뉴스, 한 방향
으로만 흐르는 정보, 한 유형의 집단 등에만 만족하지 않아도 된
다. 개개인은 각자의 경험을 선택할 수 있고 개인 전자 장비로 해
당 내용을 전달받을 수 있다.

연결된 삶 속에서의 하루

데블린은 아침을 먹으면서 스마트 폰으로 업무 리스트와 달력을 보는 것으로
하루를 시작한다. 버스를 타고 직장으로 가는 길에 본인이 최근 블로그에 게재한
글에 대해 선생님께서 새로 점수를 올리면서 피드백을 해 주셨다는 사실을 핸드
폰을 통해 알게 된다. 데블린은 모바일 애플리케이션을 이용해 피드백을 얼른
읽고 어떻게 수정할 지에 대해 고민하기 시작했다.

직장에 도착해서는 그의 팀이 얼마 전에 맡게 된 긴급 프로젝트를 위해 관련
정보가 나와 있는 웹 사이트를 재빨리 검색한다. 그리고 신속하게 해당 정보를
편집해서 온라인 문서로 만들고 난 후 팀원들을 해당 문서의 공동 작성자로 등록

해 둠으로써 온라인상에서 서로 협력할 수 있고 회사 전 직원들과 해당 프로젝트의 계획에 대해 공유할 수 있도록 해 둔다.

점심시간에는 다른 부서에 있는 친구와 문자로 연락을 주고받은 뒤, 회사 근처 식당 중 괜찮은 곳을 추천받기 위해 두 사람 모두 온라인 소셜 미디어 서비스를 이용한다. 오늘 이용한 식당은 상당히 괜찮은 편이어서 친구들이나 가족들이 알 수 있도록 즐겨 사용하는 소셜 네트워크 사이트에 해당 식당에 대한 평가를 올렸다.

퇴근 후, 데블린은 현재 다니고 있는 대학교의 학습 관리 시스템(LMS)을 태블릿에 다운받아 선생님이 녹화한 비디오 강의를 시청한다. 강의를 시청해야 온라인 토론방에 들어갈 수 있으며, 토론방에서 같은 반 학생들이 올려놓은 포스트를 읽고 나서 버스 정류장에서 내렸다. 이제 과제만 하면 된다. 집안일을 하면서 그가 보고 들은 것에 대해 정리할 예정이다.

하루 중 대부분을 인터넷에 접속한 덕분에 데블린은 일상 속에서 온라인 서비스와 정보를 접할 수 있었고, 이를 통해 좀 더 많은 일을 효과적이고 자발적으로 처리할 수 있었다.

● **소비에서 창조로.** 현대 사회에서 웹은 창조 및 참여 활동을 소비 활동만큼 쉽게 만들어 주었으며, 동시에 엄청난 성취감도 안겨주었다. 연결 기술로의 접근성이 점점 증가하는 현실에 아날로그에서 디지털로, 고정식에서 이동식으로의 변화가 반영되면서 목록에 나와 있는 그 외의 변화 방향들을 암시하고 있다. 유튜브(YouTube)와 플리커(Flickr)는 사람들이 비디오와 사진을 서로 공유할 수 있는 공간을 모두에게 제공함으로써 소셜 미디어의 전형적인 예시가 되었다. 블로그(blog)는 각 개인이 생활 속 이야기를 쓰고 게시할 수 있는 자신만의 공간을 제공한다. 위키피디아는 역사상 최대 규모의 백과사전으로, 전 세계의 전문가 및 아마추어 자원봉사자들이 참여하는 크라우드 소싱 기법을 활용하고 있다.

● **폐쇄에서 개방으로.** 싫든 좋든 네티즌들은 점점 더 그들이 누구이고 어떤 일을 하는 지에 대한 정보를 개방하고 있다. 이를 통해 사람들은 인간관계를 형성하고 커뮤니티를 만드는 작업이 쉬워졌다. 웹상에서 정보를 공유하는 일이 보편적이 되고 있으며, 사람들은

정보 및 아이디어를 전 세계 네트워크에 공개하려는 노력의 가치를 알게 되었다.

그렇다면 교육 분야는 이러한 변화에 얼마나 잘 대처하고 있을까? 몇몇 학교에서는 온라인 교육을 제공함으로써 위에 나온 여섯 가지 변화 중 첫 두 개 혹은 세 개에 적응했을 수도 있다. 그렇다고 해도 수업 현장에서 항상 활용해왔던 내용을 단순하게 온라인 환경으로 옮기려는 교사들의 노력이 전부다. 이러한 '디지털 성형(digital facelift)'으로는 가드너 캠벨이 지적한 대로 21세기를 살고 있는 학습자들의 잠재력을 파악할 수 없다(Campbell & Groom 2009).

현재 기술이 만연한 환경에서 성장한 학습자들을 때로는 '디지털 원주민(digital natives)'이라고도 한다. 마크 프렌스키는 대체로 새로운 기술을 사용하는 데 능숙할 뿐 아니라 언제 어디서나 삶의 모든 측면에서 기술이 사용될 것이라고 확신하는 새로운 세대의 학습자를 일컬어 처음으로 디지털 원주민이라고 규정했다(Prensky 2001). 이러한 학습자 능력 구분법이 각 세대마다 비판의 대상이 되고는 있지만, 학습자의 기대치에 대해 중요하고 근본적인 변화를 꾀했다는 점은 관심을 끌었다. 수잔 메트로스는 현대의 학습자에 대해 말할 수 있는 한 가지 사실은 바로 교과서를 찾거나 교사에게 질문하기 전에 현 세대는 웹을 이용하는 점이라고 주장했다(Metros 2011).

이는 아마도 좋은 현상일 것이다. 정보의 다양성과 활용성은 놀라운 속도로 계속 증가할 것이며, 근로자들이 21세기에 성공하기 위해서 필요한 기술 및 지식은 계속 변화하고 있다. 알렌 콜린스와 리차드 핼버슨은 우리가 '보편적 학교 교육(universal schooling)'의 시대에서 '평생 학습(lifelong learning)'의 시대로 변하면서 새로운 상황이 요구하는 대로 끊임없이 학습을 하고 있다고 주장한다(Collins and Halverson 2009). 학습이 효과적이기 위해서는 적시에 시행되어 해당 학습자의 즉각적인 특정 요구에 부응할 수 있도록 해야 한다. 살아가면서 접하게 되는 학습의 대부분은 교실에서 이루어지는 것이 아니라 직장이나 사회적 관계를 통해 이루어지게 될 것이다. 인터넷 타임 얼라이언스(Internet Time Alliance)사의 제이 크로스는 일상적으로 이루어지는 학습은 예외가 아니라 기준이라고 주장한다. 왜냐하면 우리가 받고 있는 교육 중 자그마치 80퍼센트가 교실 밖에서 이루어지기 때문이다(Cross 2006).

따라서 이렇게 변화하는 세계에 발맞추어 우리도 다른 방식으로 교수 및 학습을 진행해야 한다.

1.2 블렌디드 학습이란 무엇인가?

'블렌디드(blended)'에 대한 정의가 있는 것은 아니지만 이 책에서는 효과적이고 효율적이며 유연한 학습을 위해 오프라인 수업(즉, 면대면 수업)과 온라인 수업을 결합한 형태를 블렌디드 과정이라고 말하고 있다.

기술 향상 정도를 스펙트럼으로 표현해 보자. 전통적인 교실 수업을 가장 왼쪽에 두고 온라인 수업으로만 진행되는 경우를 가장 오른쪽에 배치하자(그림 1.1). 그렇게 되면 블렌디드 과정은 이 양 끝 지점의 중간 어디에라도 위치할 수 있다. 어떤 교육 기관에서는 전통적인 교실 수업을 대체하는 온라인 수업 비율을 지정하기도 하는데, 대부분 특정 기준을 토대로 이루어지는 것은 아니다.

팁 '과정 부담 5배 증가' 신드롬 ourse and a half synd-me)이 되지 않도록 심할 것! 온라인 과 이 오프라인 과정의 부를 대체하는 것이 니라 오프라인 과정 추가되면서 블렌디 학습 시 과제가 더 아지는 현상을 말한 . 4장에서 이 문제를 루게 될 것이다.

그래서 온라인 수업 비율 지정 기준은 여러분의 상황에 따라 달라진다. 즉, 오프라인 수업이나 면대면 수업을 할 때 온라인 수업을 도입하면 해당 수업은 블렌디드 학습이 되는 것이다. 일반적으로 오프라인 수업 중 일부를 대체하기 위해 온라인 활동이 설계되는 경우 해당 오프라인 수업은 블렌디드 과정이 된다.

오프라인 모임 횟수를 줄임으로써 블렌디드 과정이 기술 혹은 웹 중심의 과정에서 한 단계 도약할 수 있는 방법이 되기도 한다. 3학점짜리 수업에서 화요일과 목요일마다 오프라인 수업을 하던 것을 블렌디드 과정으로 바꾸면서 화요일만 오프라인 모임을 가질 수도 있다(그림 1.2). 한 주 동안 학생들은 온라인 동영상을 보기도 하고 추가 자료를 찾아보기도 하고 강사가 이끄는 온라인 토론에 학우들과 함께 참여하거나 온라인 퀴즈를 풀고 서로 과제 초안을 검토해 주기도 한다.

그림 1.1 기술 강화식 교수 혹은 학습 스펙트럼

또 다른 블렌디드 과정 설계의 예시로는 학기 내내 교실 수업을 몇 번 정도만 실시하는 경우다. 예를 들어, 블렌디드 과정 중 학기 시작 때 한 번, 학기가 끝나는 날이나 끝나기 조금 전에 한 번 모임을 가질 수 있다. 이 경우 블렌디드 과정에서 온라인 수업이 중심이 되고 오프라인 수업은 온라인 수업을 듣기 위한 기본 수업으로 진행된다.

그림 1.2 학습활동 공간을 온라인으로 이동

이 책에서는 앞서 설명한 두 가지 블렌디드 학습 유형 중 첫 번째 모델에 초점을 맞추고 있다. 즉, 학기나 기간 중에 온라인 수업과 오프라인 수업이 섞여 있는 경우다. 두 번째 모델 역시 블렌디드 과정이긴 하지만 수업 설계 과정이 100% 온라인 과정인 경우와 좀 더 비슷하다(Vai & Sosulski 2011 참조).

블렌디드 학습은 오프라인 수업을 온라인 환경에서 시행할 수 있도록 복제하는 과정 그 이상의 형태다. 블렌디드 학습을 위한 노력의 목적은 변화를 유도해서 이전의 수업 전달 방식보다 더 나은 학습 효과를 얻는 것이다.

1.3 왜 블렌디드 학습인가?

오늘날 많은 사람들은 실제 세계와 온라인상에서 펼쳐지는 활동 및 경험을 '결합'한 형태로 삶을 살아간다. 블렌디드 학습은 이처럼 현대적이고 서로 연결되어 있는 생활 방식에 맞춘 유형일 뿐만 아니라 학생, 교사, 관리자에게 특별한 혜택을 제공해 줄 수도 있다.

- 접근성 및 편리성 증가
- 학습 향상
- 비용 절감 (혹은 조정 가능)

하이브리드 vs. 블렌디드
'하이브리드'라는 용어는 종종 '블렌디드'와 호환되곤 하지만 '블렌디드'가 좀 더 자주 사용된다.

블렌디드 과정이 목적에 맞는 과정 설계 프로세스에 따라 기준에 맞추어 의도한 대로 설계되는 경우 위에서 언급한 장점 모두를 얻을 수 있다.

접근성 및 편리성 증가

블렌디드 학습이 잘 운영되는 경우, 교사 및 학우들과의 관계 구축 등 만족스럽고 효과적인 학습활동과 연관된 요소들을 포기하지 않으면서 (때때로 강화되기도 함) 블렌디드 과정의 접근성 및 편리성은 커지게 된다. 많은 학생들에게 온라인 과정의 가치는 해당 과정을 이수하기 위해 더 이상 캠퍼스에 가지 않아도 된다는 것을 뜻한다. 직장을 다니거나 가족을 돌봐야 하는 비정규 학생들(nontraditional students)에게 온라인 과정이란 자신의 목표를 달성하느냐 아니면 장래가 없는 커리어 속에서 허우적대느냐의 차이를 만들 수 있는 기회를 의미한다. 물론 블렌디드 과정을 위해 오프라인 수업에 출석을 해야 하긴 하지만 수업 중 많은 분량을 온라인에서 진행함으로써 오프라인 과정만으로 이루어진 수업에 비해 유연성 및 자유를 좀 더 제공한다.

학습활동을 도와주는 기술을 간단하게 이용할 수 있다면 유연성은 더욱 증가한다. 왜냐하면 현재 학생들과 교사들은 과정을 이수하기 가장 편리한 때에 해당 과정에 참여할 수 있기 때문이다.

블렌디드 과정 중 '하이플렉스(hyflex)' 모델은 혹시라도 학생들이 선택하고 싶을 때 오프라인 수업 시간 출석 여부에 대한 선택권을 제공한다(Beatty 2010). 이를 위해서 교사들은 온라인 전 과정과 더불어 온라인 수업을 대체할 수 있는 오프라인 선택 수업도 만들어야 한다. 하이플렉스 모델을 제작하는 과정은 많은 주의를 기울여야 하지만 최대의 유연성을 제공해주고 학생들에게 각자의 상황에 최적화된 형태를 선택할 수 있는 기회를 제공한다.

스마트폰과 태블릿 등을 활용해 대중교통으로 출퇴근할 때 온라인 활동을 하거나, 사용자들에게 여가 시간이 주어질 때 이미 가지고 있는 툴을 이용할 수 있다.

학습 향상

교육 분야의 연구에 따르면 블렌디드 과정은 면대면 과정과 온라인 과정만 진행하는 경우에 비해 더 효과적이라고 한다. 2009년도 미국 교육부 보고서에서는 온라인 교육과 전통적인 면대면 과정을 비교하는 51건의 실증 연구를 분석했다. 그 결과, 온라인으로 과정 전부 혹은 일부를 이수한 학생들은 평균적으로 동일한 과정을 면대면 수업만으로 이수한 학생들에 비해 성적이 좋았다고 한다(Yates 외, 2009, p. xiv).

또한 블렌디드 과정과 온라인 과정을 비교한 후 온라인의 요소와 면대면 요소를 결합한 수업의 경우 온전히 온라인 수업만 진행했을 때보다 장점이 더 많았다는 점을 발견했다(p. xv).

블렌디드 과정이 왜 오프라인 과정만큼 효과적이거나 아니면 좀 더 효과적일까? 완벽한 답안을 제시할 수는 없지만 해답에 대한 몇몇 아이디어는 다음과 같다.

● **향상된 수업 설계.** 블렌디드 과정을 위한 교육기관의 계획에는 가끔 계획된 재설계 프로세스 중 교수진들을 지원하는 수업 설계자

나 교육공학자가 참여하기 때문에, 이 경우 블렌디드 과정은 (온라인 과정과 마찬가지로) 면대면 과정에 비해 좀 더 수업 의도에 맞게 설계될 수 있다.

- **지침 및 동기부여 강화.** 면대면 학급에서 수업을 듣는 학생들은 수업이 진행되는 동안은 교사로부터, 자습할 때는 강의계획서를 통해 지침을 얻는다. 블렌디드 과정에서는 수업 환경 자체가 각 단계마다 명쾌한 지침을 제공하고 학습 자료나 활동, 평가 등을 통해 학습 방향을 명확하게 알려 준다.

- **학습활동에 대한 접근 용이성 증가.** 온라인상에 교육 자료와 활동 등을 올려둠으로써 좀 더 많은 학급 구성원들이 본인의 일정에 따라 학습에 참여해서 좀 더 완벽한 학습이 될 수 있도록 유도한다.

- **맞춤식 학습 기회.** 학생 개개인은 필요한 디지털 자료에 접근할 수 있고 언제든지 해당 자료를 검토할 수 있기 때문에 디지털 자료만 있다면 학생들은 각자의 지식 격차를 줄이기 위해 특정 학습활동을 자기 주도적으로 진행할 수 있다. 가끔 온라인 학습 환경에서 활용되는 자동 평가 방식은 즉각적인 교정용 피드백을 통해 학생들에게 교육 자료를 다시 한 번 복습하라고 알려 준다.

- **사회적 상호작용을 통한 참여도 증가.** 면대면 과정 중에 있는 학생들은 각 학우들과 함께 수업에 참여하는 기회가 제한되며, 면대면 환경 자체가 몇몇 학생들이 수업에 참여하는 것을 저해하기도 한다. 학급 토론, 공동 작업 등이 용이한 온라인 환경에서는 학생 대 학생 간 상호작용의 정도가 증가할 수 있다. 그 결과 학생들이 수업 주제에 참여하는 정도가 높아지고, 사회적 상호작용이 늘어남에 따라 동기 유발 효과도 얻을 수 있다.

- **과업에 소요되는 시간.** 블렌디드 과정과 온라인 과정에서는 학생들이 해당 과정의 웹 사이트를 통해 관련성이 더 높은 작업에 집중하려는 경향이 두드러진다. 아마도 위에서 언급했듯이 지침이 많이 제공되고 접근성이 높아졌으며 수업 설계가 향상되었기 때문일 것이다. 또한 온라인 환경에서는 학생들의 활동 내역이 페이

지를 넘길 때나 클릭을 할 때마다 추적 가능하기 때문에 블렌디드 과정에서는 과업에 걸리는 시간을 한 눈에 파악하기가 더욱 쉬워 진 것도 원인 중 하나다.

비용 절감(혹은 조정 가능)

블렌디드 과정은 교사들과 학생들, 교육기관이 지불하는 비용을 줄여 줄 수 있다. 교사들과 학생들은 이동 시간 단축, 교통비 절약, 주차비 감소 등의 효과를 얻을 수 있다.

교육기관의 관점에서는 캠퍼스 공간을 활용하는 횟수를 줄일 수 있다. 블렌디드 과정이 오프라인 수업 시간을 최소 50퍼센트 단축하는 경우 물리적인 교실 공간을 최대한 활용하느라 애를 먹고 있는 교육기관들은 공간 자원을 상당히 줄일 수 있게 된다. 그림 1.2의 화요일/목요일 수업을 예로 들어 보면, 또 다른 블렌디드 과정을 위해 목요일에 교실 자리가 비는 것을 볼 수 있다. 즉, 교실 한 곳의 사용 일수가 절반이 되는 것이다(그림 1.3).

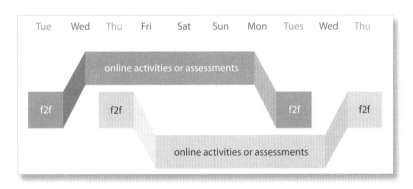

그림 1.3 교실 공간의 최대 활용을 위해 블렌디드 과정 두 개 배치

블렌딩으로 변화하는 추세

기술이 진보하면서 우리는 '전통적인' 과정들이 점점 더 기술을 채택하는 현상을 목격하고 있다. 시작은 작은 것부터 시작하기 마련이다. 예를 들면 강의계획서를 온라인상에 올리거나 이메일을 통해 의사소통하기도 하고 슬라이드나 강의 노트를 웹상에 올리는 식이다. 이를 통해 전통적 오프라인 과정의 교사진을 교육학적 안전지대(comfort zone)에서 내쫓거나 면대면 상호작용의 장점인 인간성 추구라는 가치를 손상시키는 위험 없이 기술의 효율성을 활용할 수 있다.

기술의 능력이 커질수록, 온라인에서 생성되는 정보의 양이 계속 늘어날수록, 전 세계 사람들 간의 연결이 쉬워질수록, 교사들은 다양한 기술을 더 많이 채택하여 단순한 기술 집중식 수업에서 블렌디드 학습으로 이동하게 될 것이다.

네일 셀르윈이 지적한 바에 따르면 "교육 및 기술을 공부하는 사람이라면 어떠한 디지털 기술이라도 사물을 보다 나은 방향으로 바꾸는 능력이 있다는 가정을 견제할 필요가 있다(Selwyn 2011, p. 33)"고 한다. **기술은 단지 툴일 뿐이다.** 이러한 기술혁명 혹은 진화에 가까운 기술혁명을 주도하는 계층은 교육 향상을 위한 최적의 위치에 있다고 판단되는 교사 및 학습자들이 될 것이다. 학습 중심 목적에 맞게 새로운 기술 및 툴을 의도한대로 시행함으로써 변화하는 세계에 적응할 수 있을 뿐만 아니라 교수 및 학습 능력을 강화할 수도 있다.

블렌디드 과정 개발은 해당 교육기관에 여러 가지 형태의 소득을 가져다 줄 수도 있다. 블렌디드 과정을 재설계해서 운영해본 교사들이 다른 교사들의 멘토나 조언자의 역할을 함으로써 캠퍼스 전역에서 혁신적인 수업 관례를 공유할 수 있다. 교수

학습에 있어서 좋은 수업 실례를 위한 지식 및 경험이 교육기관에 전체에 퍼지게 되는 것이다. 그리고 블렌디드 과정을 개발한 교육기관은 점점 더 블렌디드 및 온라인 수업 방식을 선호하는 학생들에게 인기를 얻게 될지도 모른다.

1.4 블렌디드 과정 설계 시 필요한 주요 개념

어떤 학습 과정을 블렌디드 학습으로 재설계하는 경우 새로운 기회뿐 아니라 도전적인 변수들도 많이 등장한다. 그 중 가장 중요한 요소로는 동기적 상호작용과 비동기적 상호작용 간 조화, 학습 시간 계획, 올바른 기술의 선택 등이 있다.

동기적 상호작용과 비동기적 상호작용의 조합

인터넷 덕분에 우리는 타인과 의사소통할 수 있고 거의 언제 어디서나 정보를 습득할 수 있다. 또한 인터넷은 비동기적 상호작용을 더 용이하게 도와준다. 비동기적 상호작용이란 간단하게 설명하면 상호작용이 동시에 발생하지 않아도 된다는 것을 의미한다. 예를 들어, 내가 원할 때마다 토론방에 전자 메시지를 보내거나 논평을 올릴 수 있고 상대방은 원하는 시간에 해당 메시지나 논평을 읽고 답할 수 있다. 이를 통해 교수 학습 과정의 일정이 각각 다르다 할지라도 학습 일정에 대한 상당한 유연성을 제공해 준다.

실시간으로 동시에 발생하는 상호작용을 동기적 상호작용이라고 한다. 블렌디드 과정에서는 오프라인 모임에서 면대면으로 수업을 하거나 온라인에서 실시간 채팅 및 화상회의를 할 때 동기적 상호작용이 발생한다.

어떤 과정이라도 비동기적 상호작용과 동기적 상호작용이 다 포함될 순 있지만 블렌디드 과정의 경우 둘 중 하나를 쉽게 선택할 수 있다. 따라서 과정 설계자들은 동기적 상호작용과 비동기적 상호작용의 장점과 단점에 대해 잘 알고 있어야 한다. 3장에서는 학생 참여의 관점에서 두 종류의 상호작용에 대해 다루게 될 것이고, 특정한 형태의 비동기적 및 동기적 학습활동은 7장과 8장에서 탐구할 것이다.

동기적 및 비동기적 온라인 툴의 예시

동기적
- 화상회의(예 : Adobe Connect, GoToMeeting)
- 인터넷 전화(Voice-Over-IP)(예 : Skype, Google Talk)
- 채팅, 온라인 메신저

비동기적
- 토론방
- 이메일
- 위키

동기적+비동기적
- 문자 메시지(SMS)
- 트위터
- 페이스북, 링크드인, 구글플러스
- 구글 문서(Google Docs)

학습 시간 계획

블렌디드 과정에서 오프라인 모임 횟수를 줄이게 되면 그 시간에 온라인 학습경험을 할 수 있게 된다(그림 1.3). 예를 들어, 화요일/목요일 수업이 진행되는 학급에서 목요일 진행되는 오프라인 수업을 빼는 경우, 교사는 "그 시간을 온라인상에서 어떻게 채우지?"라고 물을 수도 있다. 이 시간을 단순히 온라인으로 장소를 옮기는 수업이라고 생각하지 말고 해당 과정의 총 학습 시간 중 일부라고 생각해 보자. 총 학습 시간에는 오프라인에서 일어나는 학급 수업 시간뿐만 아니라 학생들이 교재를 읽고 과제를 하며 공부하는 데 사용할 것이라고 예상되는 시간도 포함된다.

블렌디드 과정 설계 시 오프라인 수업 시간 감소분은 수업을 하지 않는 시간이 아니라 오히려 학생들이 매주 현장학습이나 온라인 수업을 하면서 추가되는 시간으로 간주된다. 표 1.1에서는 미국의 여러 대학에서 사용하는 표준 학습 시간 설정 방식을 이용하여 매주 수업 시간 배치의 예를 보여주고 있다. '학급' 내 오프라인 수업에서 매 시간마다 2~3시간의 '공부 시간(study time)'을 두었다.

여러분이 설계하는 과정 내에서 총 학습 시간을 계산하려고 할 때 오프라인 모임과 공부 시간을 함께 배치하려고 한다면 블렌디드 과정 재설계 시 첫 번째 고려 사항은 얼마나 자주 오프라인 모임을 가지느냐 하는 것이다. 3학점짜리 과정의 경우, 매주 한 시간 오프라인 모임을 배정하면 온라인 활동 혹은 학습활동을 8시간~11시간 배정하게 된다.

표 1.1 15주 기간의 학기 동안 3학점 및 5학점이 배정된 오프라인 과정에서의 예상 학습 시간

과정	주당 학습 시간(단위 : 시간)		
학점	오프라인 모임	공부 시간	총 시간
3	3	6~9	9~12
5	5	10~15	15~20

학습 시간이 자동적으로 실제 학습이 이루어지는 시간이 아니라는 점을 명심하라. 과업에 소요되는 시간이 중요하긴 하지만 다른 학생들에 비해 좀 더 많은 배경지식과 경험을 가진 학생도 있고 다른 학생에 비해 더 빨리 혹은 더 능률적으로 학습하는 경우도 있다.

실제로 이러한 상황을 반영할 수 있는 것이 블렌디드 학습의 장점 중 하나다. 즉, 온라인 자료와 학습활동을 일률적으로 제공할 필요가 없다는 말이다. 어떤 경우에는 평균 수준의 학생이 필요로 하는 것 이상을 제공해줄 수도 있고, 배경지식이 부족한 학생에게는 추가적인 수업이나 개선 방안을 제시할 수도 있다. 따라서 교사들은 학생들이 교사 혹은 동료 학생과 함께 참여하는 정도에 따라 그들이 해야 하는 만큼만 기본 틀을 구상하면 된다. 온라인 수업과 오프라인 수업을 결합함으로써 학생들은 개개인에게 필요한 것이 무엇인지 판단한 결과를 바탕으로 일부 수업 과정을 학생 각자의 필요에 맞출 수 있게 되었다.

> **메타인지**의 본질적 의미는 생각에 대해 생각하는 것이다. 교육에 있어 메타인지가 의미하는 것은 학습자들이 자신이 학습한 내용을 깊이 있게 생각한 후 학습 격차를 파악해서 향후 이 격차를 해소하기 위한 계획을 세우는 과정을 의미한다. 메타인지는 온라인 과정에서 디지털 발자국을 통해 학생들이 이전의 학습활동을 가시화할 수 있는 블렌디드 과정에서 그 효과를 발휘한다.

블렌디드 과정은 총 학습 시간의 틀 내에서 설계된다. 해당 과정이 끝나는 시점에서 성공적인 학습자가 되기 위한 요건인 학습 목표 및 성과의 측면에서 볼 때 블렌디드 과정의 틀을 세우는 작업 역시 중요하다. 평가 및 활동 내역은 블렌디드 과정에 따라 달라질 수 있고, 온라인 기술이나 오프라인 모임 등을 가장 효과적으로 사용한 경우를 기반으로 하게 될 것이다. 하지만 학습 성과는 오프라인 학습과 동일해야 한다.

☑ 블렌디드 과정의 학습 성과는 온라인 버전 혹은 오프라인 버전의 성과와 동일하다.

적절한 기술을 활용한 블렌디드 학습

upunk : 명사. 독립
이고 개별화되어 있
며 DIY 방법을 선호
고, 표준화되거나 공
의 수업 툴 및 실습
체를 거부하는 교사
학습자, 교육공학자
짐그룹과 브라이언
이 처음 사용했다.

블렌디드 과정을 위해서는 오프라인 수업을 체계화하고 보충해줄 수 있는 온라인 학습 환경이 필요하다. 온라인 환경이란 이메일 혹은 토론방이 결합된 간단한 형태의 웹 사이트가 될 수도 있다. 많은 교육기관에서는 온라인 활동을 위해 특별히 제작된 시스템인 LMS가 기존의 틀을 벗어나는 다양한 툴과 특징을 제공하게 될 것이다. 이 책에 소개되는 많은 예시들을 통해 LMS의 툴이나 특징을 알아보자. 표 1.2는 LMS 툴에 대한 일반적인 특징을 소개하고 있다.

LMS는 교사들이 마음대로 사용할 수 있는 유일한 툴셋은 아니다. 실제로 LMS보다 먼저 등장한 기술 강화식 교수법(technology-enhanced teaching)도 존재하며, 온라인 교육 전문가들은 LMS와는 별개로 기본적인 웹 사이트, 이메일, 온라인 토론방 등을 사용하는 것을 잊지 않고 있다. 1990년대 후반에 웹 기반 수업을 진행하려면 DIY(Do-It-Yourself)로 시도해야 했지만, 최근 들어 LMS의 제약 및 패러다임에 얽매이지 않으려고 하는 교사들 사이에서 새로운 DIY 정신이 생겨나고 있다.

표 1.2 LMS의 기본 특징

학급 관리	커뮤니케이션 및 상호작용	구성 및 자료	실습 및 평가

- 출석부
- 성적 대장
- 그룹 관리
- 동료 평가 과제
- 데이터 추적/
  학습 분석
	- 학급 발표
	- 개별 메시지
	- 토론방
	- 실시간 채팅
	- 화상회의
	- 멀티미디어
	  코멘트
	- 시스템 공지
	- RSS 피드 발신
		- 웹 페이지 제작
		- 수업 시퀀싱
		- 결과물 정렬
		- 파일 업로드
		  조건부 공개
		- 공동 편집
		- RSS 피드 집계
			- 퀴즈 및 시험
			- 조사
			- 온라인 과제
			- 자가 진단
			- 채점기준표

창작, 협업, 공유 등을 위해 사용하기 편리하고 자유롭게 이용할 수 있는 웹기반 툴(예: 블로그, 비디오 공유, 위키 등)의 등장으로 교사들은 각자 소유한 멋진 공간에서 매일 진행한 수업 내용을 다른 사람들에게 보여줄 수도 있다는 생각을 하게 되었다. 이렇게 개방적인 온라인 툴 및 서비스들은 실제로 적용해 본 사례들이며, 현실에 존재하는 상호작용을 반영하고 있다. 예를 들어, 학생들에게 LMS를 통해 교사의 우편함에 과제를 제출하라고 하는 대신 과제를 본인 블로그나 개인 웹 사이트에 올려 두게끔 할 수 있다. 그런 다음 교사들은 과제 평가를 위해 해당 웹 사이트를 방문하기만 하면 된다. 이 내용은 6장과 8장에서 좀 더 구체적으로 다룰 것이다.

웹 2.0은 사용자의 참여 및 콘텐츠 제작이 가능한 웹 기반 툴, 서비스, 웹 사이트를 말한다. 이제는 웹의 지원성(affordances)이라고 당연하게 여겨지는 웹 2.0의 주요 관심사는 개방된 전 세계 커뮤니티 내에서 자유롭게 제작하고 공유하며 상호작용할 수 있는 효과 및 기능 구현에 있다.

새로운 정보의 발견, 비판적이고 사색적인 사고, 개방된 온라인 네트워크를 통한 공유는 이제 웹을 통해 더욱 활발해진 참여

학습, 평생 학습에 있어 새로 등장한 유형이다. 블렌디드 학습은 학급 내에서 뿐만 아니라 학급의 범위를 벗어나서도 학생들이 발전하고 성공할 수 있도록 습관 및 관행을 알려주기 위해 실제 온라인 툴 및 서비스를 이용할 수 있다.

1.5 교사와 학생들의 기대 시간

교사와 학생 모두는 블렌디드 과정의 성공을 위해 평상시 학습 습관 조절을 위한 계획을 세워야 한다. 하지만 교사와 학생들이 블렌디드 과정에 더 많은 시간을 소요하게 될 것을 꼭 의미하지는 않는다. 어떤 경우에는 블렌디드 과정 설계에 따라 한 주 내내 학습 시간이 학생마다 다르게 배정될 수도 있다.

교사들은 시간을 어떻게 소요할까?

'전형적인' 블렌디드 과정의 유형이 있는 것은 아니지만 아래에 나와 있는 활동에 시간을 활용할 수는 있다.

일별
- 학생들의 커뮤니케이션 혹은 LMS 통지 체크
- 성과 달성 및 개입을 위한 학생들의 노력 여부 확인
- 학생 개인(이메일 이용) 또는 학급 전체(온라인 포스트 이용)에게 특정 질문에 대한 응답 제시
- 온라인 토론 혹은 블로그에 참가하거나 내용 읽기

주별
- 향후 실시할 학습활동에 대한 안내
- 면대면 활동을 위한 특정 레슨을 오프라인 모임의 형태로 실시

- 블렌디드 과정 웹 사이트에 필요한 새로운 자료를 (경우에 따라) 제작, 검색 및 공유
- 학생 활동 내역에 대한 피드백 제공
- 온라인 성적 대장이나 과제 제출 툴을 통해 점수 입력
- 블렌디드 설계와 온라인 툴에 대한 평가, 필요한 경우 환경 설정 조절

인터넷 커뮤니케이션 툴을 항상 사용할 수 있게 되면서 우리는 언제 어디서나 일을 할 수 있게 되었다. 하지만 이러한 현상이 우리가 항상 어디서나 일을 해야만 한다는 것을 의미하는 것은 아니다. 이 책에서는 여러분의 시간을 효율적으로 관리하는 법과 흔하게 발생하는 교수 시간의 싱크홀이 생기는 현상을 방지하기 위한 조언 및 충고를 제공할 것이다.

모든 과정 재설계 프로젝트는 시간 집약적, 에너지 집약적 활동이며, 블렌디드 과정이라고 다르지 않다. 블렌디드 과정의 경우 기존의 오프라인 과정이나 100% 온라인 수업으로 구성되어 있는 과정보다 더 신중하게 계획을 세워야 할지도 모른다. 왜냐하면 블렌디드 과정에서는 더 많은 활동들이 가능하기 때문이다. 그리고 온라인 과정 및 블렌디드 과정에서는 과정 시작 전 해야 할 작업들이 더 많을 수 있지만, 일단 과정이 시작되어 운영되고 나면 참고 자료와 활동 등을 전략적으로 개발하기 위해서 드는 시간이 실제적으로 줄어들 수 있다.

■ 생각해 볼 문제

여러분은 이제 블렌디드 과정을 설계하기로 결정했다. 하지만 얼마의 시간을 들일 것인가? 몇 분 정도 시간을 내어 여러분이 블렌디드 과정 프로젝트에 할당할 수 있는 시간 및 에너지를 현실적으로 가늠해 보자. 이를 위해 여러분에게 제시할 수 있는 몇 가지 질문이 있다.

과정은 언제 시작하는가? 학생들이 과정을 시작하려면 몇 주가 남았는지를 계산해보라. 그러면 과정 개발에 필요한 일정이 대략적으로 윤곽이 잡힐 것이다. 본인에게 자유 시간을 주기 위해 1~2주 정도 뺄 수도 있다.

블렌디드 과정 운영을 위해 언제 작업할 것인가? 블렌디드 과정 설계에 몰두하기 위해 매주 일정한 시간을 확보하라. 그러면 일정을 맞추기 쉬워질 것이다. 2~4시간 단위로 확보해 둘 것을 추천한다.

주 당 몇 회의 레슨을 진행해야 하나? 레슨 각각에 초점을 맞추게 되면 설계 과정을 구상할 수 있는 일정표를 만들 수 있다. 1회 이상의 수업에서 레슨 한 건을 진행할 수 있는 것이 이상적이다.

블렌디드 과정을 위한 웹 사이트를 미리 선보이기 위해 동료나 학생 등을 동원할 시기는 언제인가? 이 단계를 통해 짧은 시간 동안 주요한 설계 격차(design gap)를 알려줄 수 있기 때문에, 블렌디드 과정을 시작하기에 앞서 중요한 과정이다.

블렌디드 과정이 시작되고 난 후 과정을 수정하기 위해 얼마의 시간을 소비할 수 있나? 몇몇 교사들은 특히 과정을 수정하기 위해 매주 시간을 확보해 둘 것이다. 어떤 교사들의 경우, 학기 내내 메모를 해 두었다가 전반적인 성과에 대해 곰곰이 생각한 후 과정을 수정할 것이다.

1.6 요약 및 기준

기술의 끊임없는 발전과 인터넷 접속 개선으로 우리가 온라인 정보 및 서비스와 '뒤섞여' 살 정도로 우리 삶의 방식이 변화하고 있다. 블렌디드 학습으로 인해 교사들은 변화하는 세계에 적응하기 위한 기술을 도입할 뿐 아니라 변형된 학습경험을 만들어내기 위해 사실상 교수법을 재설계하고 조절함으로써 한 걸음 크게 전진할 수 있는 기회를 가지게 되었다.

블렌디드 과정은 오프라인 학습경험의 일정 부분을 온라인 학습으로 대체한다. 하지만 양질의 블렌디드 학습은 단지 전통적인 오프라인 과정을 디지털 성형한 형태는 아니다. 블렌디드 학습은 공식적인 학습과 비공식적인 학습 간 가교 역할을 할 수 있고, 평생 학습 습관을 키울 수 있도록 도와주기도 한다.

블렌디드 과정은 전형적으로 동기적 학습과 비동기적 학습을 결합한 형태다. 학습 장소와 관계없이 이러한 두 형태의 학습은 단순히 한 개 이상의 학급 수업을 온라인 수업으로 대체하기 보다는 총 학습 시간을 토대로 계획할 수 있다. 이를 통해 설계의 기본 틀을 마련할 수 있지만 과업에 소요되는 시간만으로는 성공적인 블렌디드 학습 과정 설계를 보장하지 못한다. 결국, 블렌디드 과정 설계의 토대는 오프라인 과정 및 온라인 과정과 동등한 학습 성과를 내는 데 초점을 맞춰야 한다.

학습자들이 목표한 학습 성과를 내기 위해서 LMS 등의 교육 기관 시스템에서부터 개방된 웹상에서 제작, 협업, 공유를 지원하는 실제 온라인 툴 및 소셜미디어 서비스에 이르기까지 다양한 기술들을 활용할 수 있다.

☐ 블렌디드 과정의 학습 성과는 온라인 버전 혹은 오프라인 버전의 성과와 동일하다.

참고 자료

Beatty, B. (2007). Transitioning to an online world: Using hyflex courses to bridge the gap. In C. Montgomerie & J. Seale (Eds.), *Proceedings of World Conference on Educational Multimedia, Hypermedia and Telecommunications*, Chesapeake, VA.

Beatty, B. J. (2010). Hybrid courses with flexible participation: The hyflex design. Retrieved from http://itec.sfsu.edu/hyflex/hyflex_course_design_theory_2.2.pdf.

Cambell, G., & Groom, J. (2009). No digital facelifts: Toward a personal cyberinfrastructure. *Conference Presentation: Open Ed 2009*, University of British Columbia, British Columbia, Canada. August 13, 2009.

Collins, A., & Halverson R. (2009). *Rethinking education in the age of technology: The digital revolution and schooling in America.* New York: Teachers College Press.

Cross, J. (2006). *Informal learning: Rediscovering the natural pathways that inspire innovation and performance.* Hoboken, NJ: Pfeiffer.

Garrison, D. R., & Vaughan, N. D. (2008). *Blended learning in higher education: Framework, principles, and guidelines.* Hoboken, NJ John Wiley & Sons.

Graham, C. R., Woodfield, W., & Harrison, J. B. (2013). A framework for institutional adoption and implementation of blended learning in higher education. *Internet and Higher Education.* doi: 10.1016/j.iheduc.2012.09.003.

Kaleta, R., Skibba, K., & Joosten, T. (2007). Discovering, designing, and delivering hybrid courses. In A. G. Picciano & C. D. Dziuban (Eds.), *Blended learning: Research perspectives* (pp. 111-143). Needham, MA: Sloan Consortium.

Metros, S. (2011). New IT strategies for a digital society. Keynote presented at Campus Technology Virtual Conference. May 12, 2011.

Olapiriyakul, K., & Scher, J. (2006). A guide to establishing hybrid learning courses: Employing information technology to create a new learning experience, and a case study. *Internet and Higher Education*, 9(4), 287-301.

Prensky, M. (2001). Digital natives, digital immigrants. *On the Horizon*, 9(5), 1-6.

Selwyn, N. (2011). *Education and technology: Key issues and debates.* London:

Continuum.

Thomas, D., & Brown, J. S. (2011). *A new culture of learning: Cultivating the imagination for a world of constant change.* Charleston, SC: CreateSpace.

Vai, M., Sosulski, K. (2011). *Essentials of online course design: A standards-based guide.* New York: Taylor & Francis.

Waters, J. K. (2011) Will the real digital native please stand up? *Campus Technology.* Retrieved from http://campustechnology.com/Articles/2011/ 10/01/Will-the-Real-Digital-Native-Please-Stand-Up.aspx.

Wiley, D. (2006, February). Higher education: Dangerously close to becoming irrelevant. Session presented at Secretary of Education' s Commission on the Future of Higher Education, Panel on Innovative Teaching and Learning Strategies. February 2-3, 2006. Retrieved from www.ed.gov/ about/bdscomm/list/hiedfuture/3rd-meeting/wiley.pdf.

Wiley, D., & Hilton, J. (2009). Openness, dynamic specialization, and the disaggregated future of higher education. *International Review of Research in Open and Distance Learning,* 10(5).

Yates, B. A., Bakia, M., Means, B., & Jones, K. (2009). *Evaluation of evidence-based practices in online learning: A meta-analysis and review of online learning studies.* Retrieved from http://edicsweb.ed.gov/edics_ files_web/03898/Att_References and Glossary.doc.

2.1 블렌디드 과정 설계 시 고려 사항

최고의 블렌디드 학습을 위한 과정 설계 시 수업 활동 및 평가 항목을 선택하고 체계화하게 되면 온라인 환경과 오프라인 환경에서의 장점을 강화하고 약점을 최소화하면서 원하는 학습 성과를 얻는 데 도움이 된다.

블렌디드 과정에 대한 최적의 모델이 존재하는 것은 아니다. 기술 강화 교수법과 관련해 여러 가지 변수가 설계 프로세스 내내 의사 결정에 영향을 끼칠 수 있다. 동시에 고려해야 하는 변수들도 존재한다. 예를 살펴보자.

- 오프라인 학습과 온라인 학습 시간은 어느 정도로 배치할 수 있는가?
- 교사가 따르는 학습이론이나 교수 철학은 무엇인가?
- 블렌디드 학습을 위한 특정 기술 중 교사와 학생들은 무엇을 사용할 수 있는가?

다른 변수들은 블렌디드 과정 설계 프로세스 내내 반복해서 다루어지는 경우도 있다. 예를 살펴보자.

- 오프라인 학습과 온라인 학습 중 어떤 방법이 특정 학습 성과를 위해 가장 적합한가?
- 최대의 효과를 내기 위해 사용되는 오프라인 수업 시간이 제한적인가?

● 사용 가능한 기술 중 어떤 것이 집중을 깨뜨리지 않고 학습을 지
  원할 수 있는가?

위의 질문들에 어떤 답이 나오는지에 따라 여러분이 시행하는
블렌디드 과정에 어떤 평가나 활동 주기를 채택할 지가 영향을
받게 될 것이다.

블렌디드 과정의 주기

모든 과정에는 자연스럽게 주기가 생긴다. 전통적인 과정의
경우 정규적으로 일어나는 면대면 수업, 오프라인 모임, 주간 독
서, 개별 실습, 중간 및 기말고사 등으로 구성되는 주기가 있다.
오프라인 수업 간 인접성(closeness)으로 인해 다소 빠듯하고 집
중적인 주기가 만들어지며, 모든 학습자들이 동시에 수업을 들
어야 한다.

또한 블렌디드 과정의 경우 오프라인 모임을 통해 주기가 형
성될 수 있지만 오프라인 수업의 인접성을 기반으로 해서 해당
주기 내에서 학생 개개인의 변수를 좀 더 고려한다.

어떤 경우에는 시작 모임 1회와 마무리 모임 1회로 블렌디드
과정의 틀을 잡아 놓고 이 두 번의 오프라인 모임 중간에 온라인
에서 시행하는 활동을 배치하기도 한다(그림 2.1). 이러한 종류
의 블렌디드 과정 모델을 '멀티 모드 방식' 혹은 '프레임 방식'이
라고 한다. 학생들 간 해당 과정이 끝나는 시점이 동시에 이루어
져야 하며, 특정 온라인 활동이나 학생들이 동시에 진행하는 학
습 혹은 중간 관리점이 있어야 한다.

그림 2.1 오프라임 모임을 배치하면서 블렌디드 과정의 틀 짜기

또 다른 블렌디드 과정은 매주 오프라인 모임을 배정하는 주기를 활용해 유연성을 제공하기도 한다(그림 2.2).

매주 진행되는 수업 중 1회 이상을 온라인으로 옮겨서 블렌디드 수업을 만드는 교사의 경우, 과정의 일정 내에서 오프라인 수업과 온라인 수업 모두를 중간 관리점으로 활용할 수 있다. 예를 들어, 화요일/목요일 과정에서는 화요일만 오프라인 수업으로 유지하고 목요일 수업을 온라인으로 재설계한다. 교사는 목요일을 중간 관리점으로 계속 활용하면서 해당 과정의 전통적인 주기를 유지하기 위해 과제 제출일을 설정하거나 단순히 개인 학습 진도를 권장할 수도 있다.

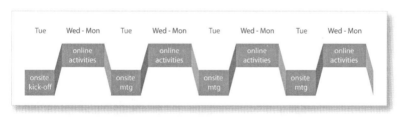

그림 2.2 블렌디드 과정 중 주 단위의 전형적인 주기

어쨌든 블렌디드 과정 중 두 개의 오프라인 수업 사이에 온라인 수업을 배치하게 되면 유연성이 증가하기 때문에 해당 학생들에게 학습에 대해 더 많은 의무감을 심어줄 수 있으며, 학생들은 더욱 많은 온라인 학습활동이나 독자적인 학습활동에

솔선해서 참여해야 한다.

2.2 블렌디드 과정 둘러보기

앞서 나왔던 변수들을 실제로 보여주는 블렌디드 과정 설계와 관련해 세 가지 유형을 살펴보자. 이 책에서는 조직적 구조 및 활동, 평가에 대해 심층적으로 분석한 내용을 여러 차례 다루고 있다.

2.3 1865년 이후의 미국 문학

과정 개요

'1865년 이후의 미국 문학' 과목은 영어 전공자 및 비전공자를 위한 3학점짜리 대학 과정(15주 동안 45시간 '강의')이다. 이 과정은 독서, 사고, 토론, 작문을 통해 1865년 이후의 위대한 미국 문학 및 사상에 대한 배경지식 및 주요 맥락 등을 연구하는 것을 목적으로 한다.

블렌디드 학습의 목표

이 과정을 블렌디드 학습으로 재설계 시 학생들의 참여도를 높이고 학습 효과를 향상시키기 위해 비동기적 온라인 토론과 디지털 멀티미디어를 활용해 수업으로의 참여를 유도하는 데 초점을 맞추고 있다.

블렌디드 학습 주기

해당 교사는 15주 동안 1주일에 한 번 1시간짜리 오프라인 모임을 연다. 이 면대면 모임의 목적은 전체 학급 구성원들이 모여 문학 작품을 토론하는 데 있다.

구성

학급 시작 첫 주에는 학생들이 실제로 진행되는 수업에 참가해 해당 과정을 조정한다. 이는 강의계획서에 나와 있는 요구 사항에 대한 토론 내용을 참작한 후 이루어진다. 교사는 학생들이 온라인상에서 상호 교류에 대한 기대를 하고 있다는 점을 알고 있다. 따라서 첫 번째 수업에서 시간을 내어 서로 만나서 인맥을 쌓을 수 있도록 한다. 첫 수업은 교사가 학생들에게 과정 웹 사이트에 올라와 있는 강의계획서를 각자 검토해보라고 전달한 후 끝난다.

학습 관리 시스템(LMS) 내에 있는 해당 과정 웹 사이트는 간단한 웹 페이지 형태로 시작해서 학습을 위한 허브 역할을 한다. 이 온라인 홈페이지는 해당 주에 진행되는 레슨에 대해 학생들에게 알려주기 위해 매주 업데이트된다(그림 2.3). 각 레슨은 알차게 구성된 수업, 교육 자료, 토론방 등으로 잘 짜여 있고, 관련 웹 페이지로 연결할 수 있는 하이퍼링크도 나와 있다.

그림 2.3 전체 일정 속에서 현재 주간에 초점을 두고 있는 LMS 내의 홈페이지

각 레슨은 웹 페이지의 한 화면에 요약되어 있으며, 그 내용은 다음과 같다.

- 이야기 혹은 멀티미디어를 이용해 그 주에 공부하게 될 작가 소개
- 한 주의 활동을 완성하기 위해 학생들에게 수업 내용을 명쾌하게 전달
- 컴퓨터나 핸드폰에 다운로드하거나 온라인으로 시청할 수 있는 비디오 파일 혹은 오디오 파일 제공

해당 레슨의 첫 웹 페이지 화면 다음에는 바로 하나 이상의 온라인 토론 과제가 나오게 된다(그림 2.4).

활동 및 평가

해당 과정은 아래의 활동을 활용한다.

구텐베르크 프로젝트
(http://gutenberg.org)
는 다양한 포맷의 형태
로 다운로드해서 누구
나 문학 작품을 읽을
수 있도록 해 둔 라이
브러리다.

개별 독서. 개별 독서는 작가들의 작품 및 관련 자료를 읽는 활동을 말한다. 학생들은 종이책으로 작품을 볼 수도 있지만 교사들은 가능한 경우 구텐베르크 프로젝트(Project Gutenberg)에 올라와

있는 공용 전자텍스트로 연결되는 링크를 걸어 두기도 한다.

ENGL2520 > Pages > Week Two Readings & Resources

Last edited about 1 month ago

ENGLISH 2520
AMERICAN LITERATURE 1865 TO PRESENT

Week Two

| Emily Dickinson | Walt Whitman | Ambrose Bierce | Mary Wilkins Freeman |

Assignments

This week we focus on Dickinson, Whitman, Bierce, and Freeman. To accomplish this week's goals, you must:

1. **Read** the following:
   a. Emily Dickinson: bio and poems; Norton pp. 74-91
   b. Walt Whitman: "Song of Myself"
   c. Ambrose Bierce: "An Occurence at Owl Creek Bridge"
   d. Mary Wilkens Freeman: "Revolt of Mother"
2. **Study** the author resources (below)
3. **Complete** the practice quiz *before we meet f2f*
4. Discuss authors and works *in-class*
5. **Continue** discussion online

Author Resources

Emily Dickinson

"The Poet in Her Bedroom" is from the TV series "Angles of a Landscape: Perspectives on Emily

그림 2.4 각 레슨 마다 한 페이지에 온라인 과업과 오프라인 과업이 잘 정리되어 있다.

Author Resources

Emily Dickinson

"The Poet in Her Bedroom" is from the TV series "Angles of a Landscape: Perspectives on Emily Dickinson," which explores little-known aspects of Dickinson's life and work:

Link

Minimize Video

Before we meet...

Does this video give additional insight into why Dickinson chose the subjects she did to write about? Does the domestic context color the way you read any of Dickinson's poems?

Walt Whitman

Walt Whitman's voice is large and apparent even in a silent reading from "Leaves of Grass". In this rare, early recording we can listen to .

Before we meet...

Listening to an author read their own work is a fascinating exercise, because historically, at least, poetry was written to be read aloud. Try reading the poem aloud yourself, then listening to the author. How does the author's reading inform your own? Should we accept the author's oral interpretation of the poem as the only way to read it?

그림 2.5 멀티미디어가 웹 페이지 내에 바로 들어가 있고 학생들을 위해 어떻게 사용하는 지에 대한 설명도 나와 있다.

디지털 멀티미디어. 디지털 멀티미디어에는 작가 본인의 작품을 작가가 직접 낭독한 오디오 녹음분, 작품에 맥락이나 관점을 불어 넣기 위해 연극 혹은 영화 제작물에서 따온 동영상, 작가의 삶에 통찰력을 제공하기 위해 다큐멘터리에서 발췌한 일부 영상 등이 포함된다. 멀티미디어가 온라인상에서 (스트림 혹은 다운로드 함으로써) 활용 가능해지면서 학생들에게 중요한 유연성을 제공하고 있다. 간결성이 핵심 요소로, 물리적인 미디어 자료를 정리하는 작업으로 애를 먹는다거나 시간을 낭비하는 전통적인 오프라인 학급의 교사처럼 한 차례 온라인 배포를 위해서 오디오 트랙이나 비디오의 분량을 줄이려고 시간을 할애하는 일이 절대로 없어야 함을 의미한다.

오프라인 환경과 온라인 환경 사이에 배정되어 있는 학급 토론. 아이디어를 공유하고 교재 내용에 대해 주요 토론에 참가하는 것은 문학 수업의 특징이다. 오프라인 모임을 통해 학생들과 교사들은 감성이 풍부하고 매우 인간적인 면대면 경험을 하게 될 것이다. 이를 통해 공감 능력과 공동체 의식을 키울 수 있다. 교사들은 오프라인 토론을 끝내면서 학생들에게 온라인에서도 토론을 계속 진행할 것을 상기시켜 준다.

온라인 토론의 경우, 프롬프트(사용자에게 보내는 메시지)나 질문이 종종 있을 수도 있지만 학생들은 이미 학급 내에서 시작했던 토론의 어떤 맥락에서라도 토론을 시작할 수 있다. 온라인 토론의 비동기적 특성으로 인해 모든 학생들은 토론 중 대답할 기회와 책임을 가지게 되고 본인의 시간에 맞추어 토론에 참가할 수도 있다(그림 2.6). 이는 학생들이 해당 문학 작품에 대해 더욱 심도 있게 공부할 수 있고 각자의 아이디어를 곰곰이 생각할 수 있으며 사색적인 답변을 만들고 수정할 수 있는 기회가 있다는 것을 의미하기도 한다.

동료 평가를 시행한 에세이 포트폴리오. 온라인 토론에 학생들이 참가하면서 자신이 가지고 있는 최고의 아이디어를 선별한 후 다듬어서 좀 더 형식을 갖춘 에세이를 제출할 수 있게 되었다. 이 작업 역시 LMS의 과제 툴을 통해 온라인에서 행해지며, 이 툴을 이용해 채점기준표와 동료 평가 기능을 이용하기가 쉬워졌다. 동료 평가를 위해 학급 내에서 학생들의 에세이를 제출 받거나 과제 수행 과정을 추적하거나 다시 나누어주는 역할을 교사 대신 LMS가 수행한다.

또한 LMS는 교사가 리뷰에 사용하는 것과 동일한 채점기준표를 바탕으로 동료 평가를 받게 한다(그림 2.7). 이 과정을 통해 학생들에게 요구되는 학습활동과 동료 평가 경험이 맞아떨어지게 되며, 학생 각자가 에세이 과제의 목표를 이해할 수 있도록 도와준다. 동료와 교사들의 리뷰 피드백을 기반으로 에세이 제출본이 수정되어야 하기 때문에 이 단계는 매우 중요하다. 동료 평가를 받은 에세이들은 학기 말에 온라인 에세이 포트폴리오의 형태로 한 데 모아진다.

이 모든 과정이 LMS에 의해 자동적으로 온라인에서 시행되기 때문에 소중한 오프라인 시간을 토론을 위해 온전히 할애할 수 있다.

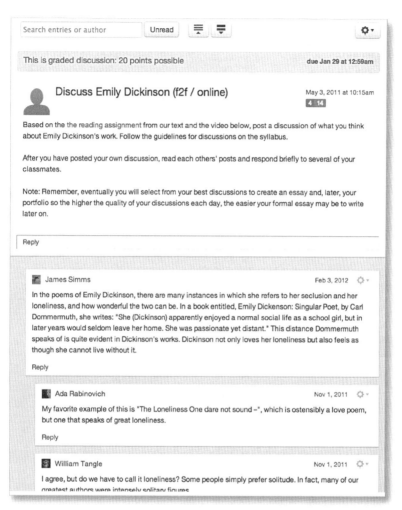

Discuss Emily Dickinson (f2f / online)

May 3, 2011 at 10:15am
4 14

Based on the the reading assignment from our text and the video below, post a discussion of what you think about Emily Dickinson's work. Follow the guidelines for discussions on the syllabus.

After you have posted your own discussion, read each others' posts and respond briefly to several of your classmates.

Note: Remember, eventually you will select from your best discussions to create an essay and, later, your portfolio so the higher the quality of your discussions each day, the easier your formal essay may be to write later on.

Reply

James Simms   Feb 3, 2012

In the poems of Emily Dickinson, there are many instances in which she refers to her seclusion and her loneliness, and how wonderful the two can be. In a book entitled, Emily Dickenson: Singular Poet, by Carl Dommermuth, she writes: "She (Dickinson) apparently enjoyed a normal social life as a school girl, but in later years would seldom leave her home. She was passionate yet distant." This distance Dommermuth speaks of is quite evident in Dickinson's works. Dickinson not only loves her loneliness but also feels as though she cannot live without it.

Reply

Ada Rabinovich   Nov 1, 2011

My favorite example of this is "The Loneliness One dare not sound –", which is ostensibly a love poem, but one that speaks of great loneliness.

Reply

William Tangle   Nov 1, 2011

I agree, but do we have to call it loneliness? Some people simply prefer solitude. In fact, many of our greatest authors were intensely solitary figures.

그림 2.6 토론은 온라인으로 장소를 옮겨 계속 진행되고, 오프라인 수업과 비동기적 상호
작용 간의 격차를 줄여준다.

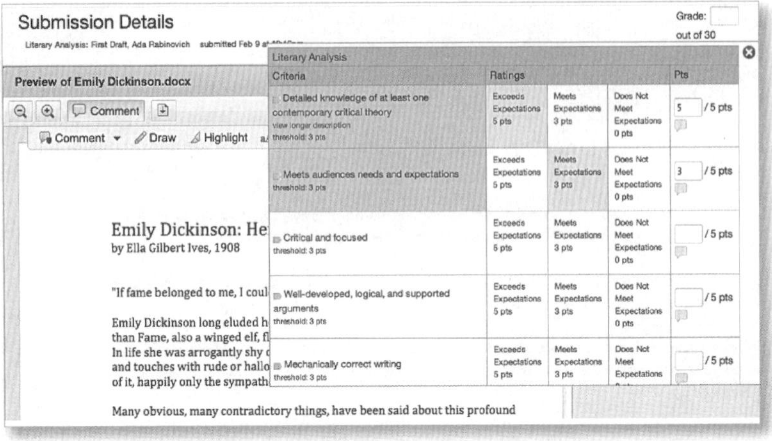

그림 2.7 LMS를 통해 동료 평가에 대한 관리가 쉬워진다. LMS는 과제 제출일, 과제 제출 및 출제, 채점, 상호작용 등을 관리한다.

2.4 해양학 입문

과정 개요

'해양학 입문' 과목은 전공자와 비전공자들에게 해양학의 역사 및 과학 실습 과정을 소개하는 4학점짜리 대학 과정(15주 동안 60 시간 '강의')이다. 이 과정에는 교실 속 과학 수업과 직접 몸으로 부딪히는 실습을 연결하는 현장학습이 의도적으로 포함되었다.

블렌디드 학습의 목표

해당 과정을 블렌디드 학습으로 재설계하는 경우, 기술을 이용해서 유연성을 증가시키고 학생들이 여러 번 활용할 수 있도록 멀티미디어와 활동 등을 통해 맞춤식 학습을 가능하게 설계하는 데 초점을 두고 있다. 또한 재설계 프로세스에는 오프라인 수업을 좀 더 참여적이고 효과적으로 만들기 위해 '거꾸로(flipped)' 교실이 포함되기도 한다.

접근성 및 보편적 설계

'거꾸로' 교실

거꾸로 교실에 대한 아이디어는 전통적인 강의 및 과제에 대한 모델을 뒤집어 엎는 것이었다. 학생들이 수업 시간 동안 강의 및 교사의 설명을 듣고 하교 후에는 과제 및 실습 활동을 하는 모델 대신 교사들이 기술을 이용해 이 모델을 뒤집는 것이다(그림 2.8). 더 이상 강의가 오프라인에서 이루어지지 않고 녹화된 후 온라인에 업로드 되어 학생들이 시간이 될 때 본인의 학습 진행 상황에 맞추어 필요한 만큼 얼마든지 시청할 수 있게 된다.

'과제'는 집에서 하는 것이 아니라 교실 학습의 형태로 변모했으며, 교실 학습 과정을 통해 문제 해결 활동 및 실습 활동이 학생들과 교사 간 직접적인 상호작용을 바탕으로 진행된다.

거꾸로 교실은 여러 번 활용 가능한 멀티미디어를 누구나 어디서든 이용할 수 있는 웹의 능력을 활용하면서, 개별적으로 반응하는 유연한 상호작용으로부터 혜택을 얻을 수 있는 활동들을 하는 데 오프라인에서 사용할 수 있는 시간을 활용한다.

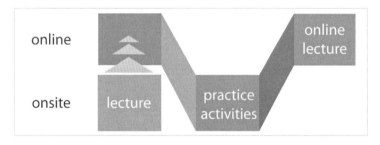

그림 2.8 거꾸로 학습 모델에서는 비디오 강의를 온라인에 배치하고 실습 활동을 학급 활동으로 배치한다.

블렌디드 학습 주기

해양학 입문 과목은 동료 지원(peer-supported) 수업 및 토론을 위해 일주일에 한 번 학급에서 오프라인 모임을 가진다. 또한 3주에 한 번씩 3시간짜리 현장학습을 간다. 온라인 활동은 알차게 구성되어 있긴 하지만 유연하다. 매주 설정되어 있는 과제 제출 기한 덕분에 학생들은 올바른 학습 목표를 향해 나아갈 수 있다. 제출 기한이 없다면 온라인 학습 참여 시간 및 장소는 학생 개개인에 따라 다양해질 것이다.

구성

블렌디드 과정에서는 레슨을 체계화하기 위해 LMS를 활용한다. 블렌디드 과정의 **홈페이지**에서 학생들은 매주 학습 과제를 알 수 있으며, 학습할 수 있는 적절한 툴로 연결되는 하이퍼링크도 걸려있다(그림 2.9).

그림 2.9 해양학 입문 홈페이지에는 특별 레슨에 대한 목록뿐 아니라 공통 주간 과제 목록도 올라와 있다.

주간 레슨 오거나이저는 온라인 및 오프라인 과업을 통해 어떤 활동을 해야 하고 어떤 자료를 학습해야 하는지 학생들에게 알려주는 목록으로 화면을 시작한다.

매주 시행되는 온라인 레슨에는 **오프라인 동료 교수법 수업** 활동을 위해 교사가 어떤 주제를 선택했는지 알려주는 **자가 진단 퀴즈**(p. 63 참조)가 포함되어 있다.

현장학습의 경우 학교뿐 아니라 해당 지역에 위치한 해안가, 박물관, 실험실 부근 장소에서 할 수 있는 학습활동으로 구성되어 있다. 현장학습에 대한 설명은 온라인에 나와 있다.

활동 및 평가

개별 독서. 종이 책의 형태로 읽을 수 있거나 전자텍스트의 형태로 이용 가능한 필수 교재를 읽는다.

온라인 강의. 각 학급마다 매 학기 동일한 내용의 강의를 반복하는 대신 해당 교사가 강의 때 사용했던 슬라이드나 교구를 활용해서 강의를 녹화한다. 교사의 사무실에서 컴퓨터와 연결된 상용 웹캠과 마이크, 디지털 녹화를 시행할 수 있는 소프트웨어를 사용한다.

어떤 주제의 경우, 직접 강의를 녹화하는 방식을 택하지 않고 다른 대학에 근무하는 교수가 이미 제작해 놓은 강의 중 공개적으로 재사용 허가가 난 강의를 활용하기도 한다. 이 방법은 다양성 및 대안적 관점을 제공한다.

제 3자의 강의를 사용하는 경우 해당 교사는 노트를 달아서 학생들에게 출처를 알리고, 능동적으로 학습에 임하고 개방된 웹에서 다른 미디어나 자료를 찾을 것을 권장한다.

자가 진단 퀴즈. 매주 학생들은 온라인 퀴즈에서 최소 90점을 받아야 한다. 해당 과정을 완전히 습득할 수 있는 기회를 충분히 제공하기 위해 퀴즈를 여러 차례에 걸쳐 시도할 수 있다(그림 2.11).

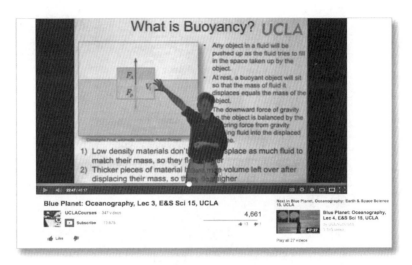

그림 2.10 사진 속 강의는 UCLA에서 제작해서 유튜브에 공유한 경우다. 블렌디드 과정을 지원할 수 있는 공개 교육 자료 중 하나다.

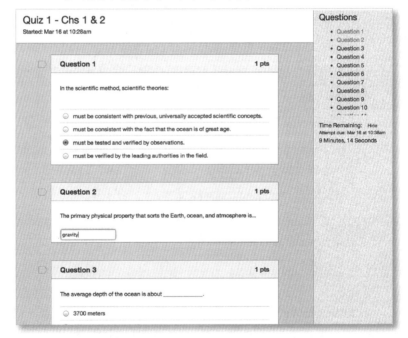

그림 2.11 자가 진단 퀴즈를 온라인상에 배치함으로써 학생들이 과정 마감 기한 전 퀴즈를 풀 준비가 되었을 때 퀴즈에 임할 수 있다.

퀴즈 결과를 보고 학생들이 작성한 답안을 바탕으로 교재나 강의 내용 중 적절한 참고 자료를 알려주는 등의 피드백을 제공해 줄 수 있다(그림 2.12).

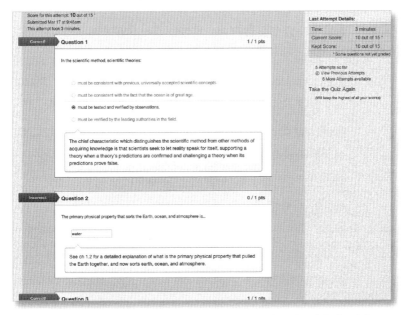

그림 2.12 온라인 퀴즈를 통해 정답/오답 여부에 따라 각기 다른 피드백이 제공된다.

퀴즈에 응시할 때마다 이전에 풀었던 퀴즈 문제와는 다른 문제가 출제되었음을 알 수 있다. 왜냐하면 퀴즈 문제들이 온라인 문제 은행에 저장된 여러 개의 문제들로 구성된 규모가 큰 풀에서 무작위로 선별되어 출제되기 때문이다. 이러한 방식을 통해 학생들은 단순히 한 세트의 답안을 암기하는 데서 벗어나 더 많은 내용을 공부하게 된다. 즉, 퀴즈에서 다루는 여러 가지 주제들을 실제로 완전히 숙지해야만 퀴즈를 통과할 수 있다.

매주 오프라인 학습 모임이 있는 날 자정까지 퀴즈를 완료해야 한다. 교사가 온라인상에서 재빨리 퀴즈 결과를 검토하고 특별히 문제가 되는 질문들을 알아보기 위함이다. 교사는 문제가 되는 질문들을 오프라인에서 일어나는 동료 교수법 수업 활동에서 주로 다루게 된다.

동료 교수법 수업 활동. 이 활동은 오프라인에서 진행되기 때문에 전통적인 학습의 동기적, 면대면 수업의 특징을 잘 활용하고 있다. 동료 교수법 수업 활동 자체는 에릭 마주르(Eric Mazur) 교수의 동료 교수법 모델(동료 교수법 모델에 대한 자세한 내용은 8장 참조)을 기반으로 한다. 교사는 학급의 프로젝터에 풀기 어려운 객관식 문제를 띄우고, 학생들은 '학생용 답안 제출 시스템(일명 '클리커')'을 통해 해당 문제에 대한 답을 입력한다. 학생들이 제시한 답안은 교사가 즉시 볼 수 있다. 만약 학급의 학생들이 숙달 기준(학급의 85퍼센트가 정답을 제출)을 충족하면 교사는 다음 문제로 넘어간다. 그렇지 못한 경우에는 학생들끼리 짝을 지어준 후 토론 및 협의 후 정답을 찾도록 지시한다. 5분 후 학생들은 다시 정답을 입력하게 되고, 숙달 기준을 달성할 때까지 이 주기가 반복된다.

이 활동은 단순히 강의만 진행하는 경우보다 훨씬 학생 참여적이고 효과적이라고 간주되며, 온라인에서 쉽게 활용할 수 없는 효율성을 제공하는 오프라인 환경의 참여 유도적 특성을 활용하고 있다.

문제 세트 과제. 학생들은 매주 LMS 온라인 과제 툴을 통해 문제 세트를 풀고 제출한다. 이 과정을 통해 학생들은 온라인상에서 수업을 듣고 문제를 풀 수 있을 뿐만 아니라 보다 손쉽게 디지털 파일을 제출할 수 있다.

현장학습. 학생들은 그룹을 지어 현장학습에 참가하며, 참가 시 현장학습용 공책과 소형 비디오 레코더(학생이 소유한 것, 핸드폰에 내장되어 있는 것, 해당 학과에서 대여한 것 모두 가능)를 소지해야 한다. 비디오 레코더는 지질층, 조수의 변화, 해양 생물 등 자연 현상들을 녹화하는 데 사용된다. 학생 그룹이 기록한 노트나 촬영한 비디오는 학급과 온라인 토론방에서 공유된다(그림 2.13).

교사는 토론방에 올라온 미디어와 설명을 바탕으로 각 그룹의 활동에 대해 평가한다. 평가는 토론방 내에 들어 있는 온라인 채점기준표를 사용해서 LMS를 통해 이루어진다(채점기준표 설계에 대한 세부적인 내용은 6장 참조). 그룹 구성원들은 필요한 경우 비디오 촬영 원본에 추가 설명을 넣을 수도 있다.

시험. 주간 퀴즈를 위해 사용했던 문제 풀은 무작위로 단원 평가(학기 중 4회에 걸쳐 실시)를 출제하는 데도 다시 사용한다. 시험 자체는 온라인에서 컴퓨터로 실시하는 것이지만 교사는 수월하게 시험을 진행하기 위해 교내 시험 센터를 이용한다. LMS는 제대로 로그인이 되지 않은 학생들에게는 시험 문제가 노출되지 않도록 시험 문제 전체를 관리하는 방법을 시험 센터에 제공한다. 하지만 LMS를 사용함으로써 교사는 즉시 온라인상에서 모든 학생들의 시험 결과를 확인하고, 퀴즈에서 시험에 이르기까지 학생들이 문제를 푼 내용을 추적할 수 있다.

This is graded discussion: 20 points possible due Mar 22, 2012 at 1am

Week 1 Field Trip Log Discussion
Dec 22, 2011 at 4:49pm

During each field trip, your group will be required to find, document, and share some aspect of the environment (I'll give specific instruction on what to look for when we're onsite). Here's how to proceed from there:

1. During the field trip, **record a short video of your finding.**

2. **Upload your video** here as part of a new post. If you don't include a detailed description of your finding in the video itself, write one up. Refer to the field log guide for more info.

3. **Respond to the other groups' postings** (at least twice) during the 2 weeks after the posting due date. Link what you see to specific facts and theories that we have learned about.

You will be assessed on your group participation and discussion responses by the attached rubric.

Sign-up for your group *before* joining us on the field trip if you haven't already. Use the course Calendar for scheduled locations and times.

Our first field trip is planned for Mori Point

Reply

Annie Bem Feb 3, 2013

Here's the video we shot as Group #1. The other group members will want to provide their explanation, I'm sure:

Reply

Greg Samsa Feb 3, 2013

Annie, your team chose a good topic to investigate, and the location that you have recorded illustrates the phenomenon well.

The waves moving in and out across those rocks clearly would cause erosion. I wonder, however, if those rocks have only been there relatively recently? Why are they still intact? Where did they come from?

그림 2.13 토론방은 학생들이 오프라인 활동에서 얻은 결과물을 공유할 수 있는 온라인 장소를 제공한다.

　　시험이 온라인에서 진행되기 때문에 교내 시험 센터에서 시행될 필요는 없지만 시험 감독 기관에 의해서 시험문제가 승인 장소에서 '공개(unlocked)'될 수도 있다는 점에 주목하라. 이런 일은 온라인 수업으로만 이루어진 과정에서 시험 윤리(exam integrity)를 보장하기 위해 종종 발생하기도 한다.

2.5 초등교육 교사를 위한 기술

과정 개요

'유아기 교육을 위한 통합 기술' 과목(1학점)과 '초등교육을 위한 통합 기술' 과목(1학점)은 초등교육 전공 학생들이 다음의 내용을 학습하기 위해 두 과목을 연달아 들어야 하는 과정 (two-course sequence)이다.

- 기술능력 배양
- 교육공학에 대한 긍정적 성향 개발
- 효과적인 콘텐츠 중심의 기술 통합 계획
- 실제 상황에서의 기술 통합 실습
- 기술의 윤리적이고 안전한 사용에 대한 학습

이 과정은 수학, 국어, 과학, 사회, 미술 등 주요 과목을 효과적으로 가르치는 방법을 학습할 수 있도록 도와주는 방법론 필수 과정들과 밀접하게 연결되어 있다.

블렌디드 학습의 목표

해당 과정은 원래 2학점짜리 과정으로 전통적인 면대면 포맷에서 40~50명 정도의 학생들을 데리고 수업을 진행했었다. 면대면 방식으로 이 과정을 가르치는 데 있어 가장 풀기 어려운 문제점 두 가지는 수업 진도 속도와 개별 맞춤 교육이었다. 우선 학생들의 기술력 편차가 너무나 벌어져 있는 상태에서 수업에 참여하기 때문에 수업 진도를 맞추기가 힘들었다. 이 과정을 위해 어떤 속도를 택하든지 간에 수업 진행 속도가 너무 느릴 경우 우수한 학생들 상당수가 지루해했을 것이고, 진도를 너무 빨리 나가버리면 수업을 따라오지 못하는 학생이 발생했을 것이다. 또한 학생 개개인에게 맞춤 수업을 제공해서 각자가 필요한 부분이나 이해하지 못한 부분을 적절한 방법을 통해 가르쳐 주려고 해도 학급의 학생 수가 많기 때문에 맞춤 수업 진행도 매우 어려웠다. 이러한 문제점을 해결하기 위해 이 과정을 재설계하기로 결정하면서, 우리는 교사와 학생 간 상호작용도 높은 수준으로 유지하기를 원했다. 그리고 학생들이 자신들의 강사가 누구인지 모른 채 학습을 하는 것을 바라지 않았고, 강사와 학생 개개인 간에 긍정적인 관계를 유지하기를 원했다.

그래서 우리는 블렌디드 학습 과정으로 재설계하기로 결정했다. 블렌디드 과정에서 학생들은 학급의 수업 첫 날과 마지막 날 오프라인 수업에 출석했고, 학기 중에는 특별 수업도 몇 번 있었다. 오프라인에 배정되지 않은 수업은 온라인에서 진행되었으며, 온라인 학습을 하는 기간 동안 학생들은 온라인 활동을 통해 정해진 수업 활동을 전부 이수할 수 있었다. 강사들은 온라인 학습 기간 동안 활동 내역을 돌아볼 수 있는 비디오 영상을 매주 게재함으로써 학생들과 깊은 유대감을 형성할 수 있었다. 이 포스팅을 통해 LMS 내 주간 토론방의 비동기적 비디오를 이용해서 학생과 교사가 서로 대화할 수 있다.

비동기적 비디오(asynchronous video)

LMS 내 많은 토론 게시판에서는 텍스트 포스팅, 오디오 포스팅, 비디오 포스팅을 토론방에 게재하는 것을 허용한다. 토론방 내에서 비동기적 비디오를 사용함으로써 시간과 공간에 관계없이 커뮤니케이션 할 수 있는 유연성을 제공하는 동시에 초조함이나 유머, 불확실 등의 감정을 알 수 있게 해 주는 청각적 및 시각적 커뮤니케이션 신호를 통해 참가자들이 인간적 요소를 느낄 수 있게 해 준다. 비동기적 비디오는 교사와 학생들이 시간과 공간상 떨어져 있는 경우에도 사회적 실존감을 높은 수준으로 유지할 수 있게 해 준다.

또한 매주 온라인 수업 시 랩에서 시행되는 면대면 튜토리얼 수업 시간이 선택적으로 제공되기도 했다. 면대면 도움을 원하거나 필요하다고 느끼는 학생들은 항상 오프라인 수업을 받을 수 있었다. 이를 통해 상급 학습자들은 본인들의 속도에 맞추어 온라인에서 진도를 나갈 수 있고, 동시에 좀 더 개별화된 지도를 원하는 학습자들은 맞춤형 도움을 받기 위해 오프라인에서 수업을 받을 수 있었다.

블렌디드 학습 주기

학기 중 블렌디드 학습 주기는 상황에 따라 각 학생마다 달랐다. 대부분의 학생들은 매주 비디오 영상 토론 공간에서 교사 및 다른 학우들과 교류 활동을 가진 후, 온라인 학습 주간 동안 수업을 듣고 과제를 끝내는 등 온라인 과정을 진행한다. 어떤 학생들은 오프라인 랩 수업을 선택해서 본인들의 온라인 과제를 수행한다. 이 수업에서는 문제가 잘 풀리지 않을 경우 강사에게 직접 질문하기가 용이하다. 어떤 학생들은 온라인상에서 학습의 대부분을 진행하고, 풀기 어려운 특정 문제를 해결하기 위해 좀 더 효율적인 방법이 필요하다고 느끼는 경우에만 오프라인 수업에 출석한다.

강사의 입장에서 블렌디드 학습의 주기는 프롬프트를 비디오 영상 공간에 올리는 행위와 학생들이 그 공간에 자신들의 생각을 올려서 서로 소통하는 행위를 바탕으로 결정된다. 또한 강사는 학생들의 문제점을 진단해 매주 개별지도 수업이 필요한 학생들에게 랩 선택 수업 기간 동안 학습활동을 도와줄 수 있었다. 강사는 학기 동안 몇 시간에 걸쳐 학생 전원이 출석하는 오프라인 학급 수업을 진행했을 수도 있다.

구성

블렌디드 학습 과정은 LMS를 이용하여 과정 활동 전부를 구성한다. 블렌디드 과정 중 어떤 주가 학급(오프라인) 수업이고 어떤 주가 온라인 수업인지 명확하게 지정한다(그림 2.14). 오프라인 수업은 학기 초에 개설되어 학생들이 같은 과정을 듣는 다른 동료나 강사와 개인적으로 관계를 유지할 수 있도록 했다. 온라인 수업 주간에는 프로젝트 활동과 온라인 비디오 영상 포스트를 학급이나 그룹 토론방에 게재하는 활동도 포함되었다. 프로젝트 활동은 스크린캐스트로 제작된 온라인 비디오 개별지도 영상을 통해 지원 받았다.

Week 1 - Jan 7-14 - Social Media and Portfolio Update--In Class		
📄 Week 1 In-class Agenda		
📄 Syllabus		
🅰 Social Media Setup	Jan 14	25 pts
🅰 Google Sites Update	Jan 14	20 pts
🔗 Welcome to IP&T 444 and Social Media Setup Follow-up		
Week 2 - Jan 14-22 - Science Sensors and Models--In Class		
📄 Week 2 Agenda		
🅰 Science Sensors and Models	Jan 22	50 pts
💬 Video Reflection: Blogs	Jan 22	10 pts
Week 3 - Jan 21-28 - Internet Safety--Online		
📄 Week 3 Agenda		
🅰 Internet Safety Assignment	Jan 28	50 pts
💬 Video Reflection: Online Presence	Jan 28	10 pts
Week 4 - Jan 28-Feb 4 - Digital Storytelling Planning--Online		
🅰 Digital Storytelling Planning	Feb 4	50 pts
💬 Video Reflection: Digital Storytelling	Feb 4	10 pts

그림 2.14 LMS 일정을 보고 어떤 주에 학급 수업을 들어야 하고 어떤 주에 학급 랩 (in-class lab) 선택 수업을 들을 수 있는 온라인 수업이 있는지 알 수 있다.

스크린캐스팅 툴을 통해 강사는 스크린 화면에서 어떤 장면이 펼쳐지고 있는지 캡처할 수 있다. 따라서 해당 강사는 프로젝트 수행 방법이나 설명 등 어려운 내용을 문서로 설명하지 않고 학생들에게 활동 수행 방법을 보여줄 수 있다. 또한 학생들은 문제가 잘 해결되지 않을 때 본인들이 어떻게 활동을 수행하고 있는지를 강사에게 화면상으로 보여줄 수 있도록 비디오 제작용 무료 스크린캐스팅 툴을 사용할 수 있다. 스크린캐스트는 '문자로 설명'하지 않고 내용을 '보여'줌으로써 의사가 잘못 전달되는 것을 방지한다.

활동 및 평가

과정 전 - 후 평가. 블렌디드 과정은 과정전 평가로 시작해서 학생들의 기술 및 일반적 기술 지식에 대한 태도가 얼마나 변했는지를 가늠하는 과정후 평가로 끝이 난다.

중간 강의 평가. 해당 교육기관은 온라인 중간 강의 평가 툴을 제공해서 강사들이 과정 중에 문제를 제작하고 학생들로부터 익명의 피드백을 받을 수 있도록 한다.

이 책에서는 중간 강의 평가 툴을 제공하는 교육기관의 웹 사이트에 있는 중간 강의 평가 툴에 링크를 걸어두었다.

프로젝트 및 포트폴리오 평가. 이 과정 내에 포함된 지식 및 기술 대부분은 온라인 포트폴리오 내에 축적되어 있던 숙달기반(mastery-based) 프로젝트를 통해 평가된다. 구글 사이트를 이용해서 제작된 온라인 포트폴리오는 학생들이 소유하고 관리한다 (그림 2.15).

그림 2.15 온라인상에 있는 학생 포트폴리오의 예시

숙달기반 프로젝트들이 완료되었다고 표기되려면 기술 요건
들이 충족되어야 한다. 학생들은 해당 학급 과정을 통과하기 위
해 모든 프로젝트를 완료해야만 한다. 프로젝트에 대한 학생들
의 점수가 깎이는 경우는 기한에 맞춰 프로젝트를 완료하지 못
한 때다. 프로젝트는 모든 기준이 충족되면 완료되는 날짜에 완
료되었다고 간주된다.

2.6 요약

앞서 살펴본 블렌디드 과정 각각의 예시에서 블렌디드 설계
시 장점을 부각하기 위해 온라인 기술을 활용하는 데 초점을 두
었다. 장점으로는 집중적 구성 및 구조, 여러 번 활용할 수 있는
멀티미디어, 비동기적 토론, 자동 평가 채점 및 관리, 사회적 상
호작용, 집단 참여, 학생 관리 등이 있다. 아마 더욱 중요한 요

소는 오프라인 면대면 수업에 할애되는 시간이 극대화된다는 점이다. 오프라인 활동은 주로 동기적 특징, 풍부한 감성, 매우 인간적인 경험 등 면대면 수업의 장점을 활용하기 위해 재설계되었다.

3장에서는 여러분이 블렌디드 과정 설계 프로세스에 몰두하는 경우, 2장에 제시한 예시들에서 언급된 활동 내용 및 평가에 대해 자세하게 설명할 것이다. 하지만 블렌디드 과정이 학기 내 과정 진행 중에 첫 주부터 마지막 주까지 진행되는 과정(week-to-week), 첫 레슨부터 마지막 레슨까지 진행되는 과정(lesson-to-lesson)처럼 보이는 방법에 대한 강한 정신적 모델(mental model)을 만들기 위해 2장에서 설명하고 있는 구체적인 예시들을 다시 찾아보기 바란다.

상상력을 개입시키는 일은 어떠한 활동이라도 기계적인
활동보다 낫게 만드는 유일한 방법이다.

존 듀이, 『*Democracy and Education*』

3E는 수업의 품질을 평가하는 기준으로 흔히 사용된다.

- **효과(Effectiveness)**-과정을 통해 학생들이 얼마나 잘 학습 효과를 낼 수 있는지를 의미
- **참여도(Engagement)**-학생들이 학습활동을 경험하는 동안 기꺼이 낼 수 있는 감성적이고 정신적인 에너지를 의미
- **효율성(Efficiency)**-교육 활동의 개발 및 시행에 들인 자원(교사/학생 시간, 노력, 돈 등)을 의미

3장에서는 학습자들이 참여할 수 있는 블렌디드 과정을 설계하기 위한 전략에 초점을 맞추고 있다. 학습자들이 참여하지 않는 수업은 결국 효과적이지 못하게 된다. 특히 블렌디드 과정에서 학생의 참여도는 중요하다. 왜냐하면 온라인상에서 활동을 진행하게 되면 학우 간 거리감이 커질 수도 있기 때문이다.

모든 학습자들의 관심을 끌기 위한 절대적인 비결은 없다. 학습자들은 다른 욕구, 목표, 한계를 가지고 과정을 듣기 때문이다. 블렌디드 학습 환경의 장점 중 하나는 학습자들에게 제공해 주기 위해 사용 가능한 툴이나 잠재적 전략이 매우 다양하다는 점이다. 온라인과 면대면 방식 둘 다로 진행되는 수업에서는 모든

학습자들에게 의미 있는 방법으로 참여할 수 있는 여러 가지 방법을 결합해서 사용할 수 있다. 강사들은 경험을 통해 어떤 방법들을 결합해야 각기 다른 학생들에게 최적으로 효과를 낼 수 있는지 알 수 있게 된다.

3.1 참여하는 마음과 정신

감정, 정신, 육체가 없는 트레이닝은 완성되지 못한다.
왜냐하면 느낌 없이는 지식이 사라지기 때문이다.

작자미상

학생 참여는 동기 및 활발한 학습의 산물이다. 어떤 한 가지 요소라도 없으면 학생들이 수업에 참여하지 않기 때문에 학생 참여 자체는 계산된 결과라기보다 자연스럽게 발생하는 산물이다.

엘리자베스 F. 바클리, 『*Student Engagement Techniques*』

신 진(Xin Gin)은 미국에서 대학을 다니며 첫 해를 보내고 있는 중국 학생이다. 그녀는 독해나 작문 실력에는 매우 자신이 있었지만 구두 의사소통 실력에는 자신이 없었다. 학급 토론 시간 동안 학우들과 공유하고 싶은 좋은 아이디어가 종종 있었지만 토론 진행 속도가 너무 빠르고 본인의 회화 능력에 대해 자신이 없어서 선뜻 나설 수가 없었다.

하지만 다행히도 강사는 항상 수업 후 온라인 토론방을 통해 학급 토론을 진행했다. 그래서 진은 온라인 토론방에서 자신의 아이디어를 펼쳤고, 그 곳에서 신중하고 정확하게 아이디어를 말하기 위해 준비하는 시간이 생기게 되었다. 진의 강사와 동료들은 온라인 대화에 등장한 그녀의 값진 의견을 종종 칭찬하곤 했다. 이 방법을 통해 진의 만족도는 높아졌고 학우들과의 유대감도 강하게 형성되었다. 이렇게 만족도와 유대감을 통해 진은 과정 활동에 계속 참여하려는 동기를 부여받게 된다.

학습자의 참여라는 측면에서 중요한 요소가 두 가지 있다. 바로 참여하려고 하는 학습자의 마음과 정신이다. 학습자가 참여하고 싶은 마음이 들게 되는 상태를 종종 '정서적 참여(affective engagement)'라고 하며, 학습 내용에 대해 정신적으로 참여하는 것을 종종 '인지적 참여(cognitive engagement)'라고 한다.

학습자의 마음에 드는 것은 학습자가 학습 내용에 만족해서 진정한 참여를 이끌어 내는 데 있어 전제 조건이 된다.

정서적으로 참여를 한 학습자의 경우 학습하려는 욕구가 있고, 학습 프로세스 내에서 해내야만 하는 풀기 어려운 정신적 과업을 해결하기 위해 기꺼이 머리를 쓰려고 한다. 수업 특히 온라인 수업의 경우 종종 학습의 인지적(정신) 요소에만 초점을 맞추려고 하고 정서적(마음) 요소는 간과하려는 경향이 있다.

조지는 대학의 대수학 과정에 등록한 대학 1학년생이다. 그는 한 번도 수학을 잘 한다고 생각해 본 적이 없다. 사실 고등학교 시절 수학 수업에서 수학 개념을 이해하려는 데 애를 먹었다. 대수학 과목은 그가 졸업 후 따고 싶은 경영학 학위를 받기 위해서는 필수 과정이다. 조지는 C 학점으로 과정을 통과하기만 한다면 만족스러운 결과라고 생각하고 있다.

학급 첫 날, 조지는 강사가 대학 시절 첫 번째 수학 시험에서 떨어져 세상이 끝났다고 생각했다는 과거 경험 이야기로 과정을 시작하는 것을 보고 놀랐다. 강사는 대수학은 누구나 배울 수 있고 또 잘 배울 수 있는 과목이라고 말했다. "실패는 옵션이 아니에요!"라고 크게 외치면서 말이다.

대수학 학급은 거꾸로 교실법을 활용하면서 숙달기반 방법을 사용하게 될 것이다. 각 시험은 숙달 수준이 90퍼센트가 되기 위해 필요한 만큼 최대한 많은 횟수에 걸쳐 시행될 수 있다. 온라인 개별지도 시스템은 학급 외부에서 활용 가능하다. 학생들은 온라인 개별지도 시스템을 사용해서 대수학 개념 각각에 대해 학습하고 문제를 풀어본다. 강사는 시스템 내에서 학생들이 풀어 놓은 문제를 모니터링하고 난 후, 문제를 해결하기 위해 학급 내 개별지도 수업 일정을 짜고 학생들이 풀기 어려워하는 문제를 설명한다.

조지의 강사가 각 학생이 대수학 과목을 이수할 수 있도록 최선을 다할 것을 약속했기 때문에 학급 첫 날 조지의 열정은 타올랐고 대수학을 학습하기 위해 좀 더 최선을 다하리라 다짐했다.

때때로 우리는 학습자들이 배움에 대한 충분한 욕구와 자기

동기부여를 가지고 과정을 듣기 시작해야 한다고 가정한다. 하지만 항상 그렇지는 않다. 성인 학습자인 경우에도 마찬가지다. 어떤 학습자들은 학습에 대한 열정이나 욕구, 자신감을 높이기 위해서 강사와 학우들의 도움이 필요하다.

온라인과 오프라인 수업은 학습자와 콘텐츠 간의 여러 가지 상호작용을 지원한다. 어떤 수업 방식은 다른 수업 방식보다 훨씬 더 인지적 혹은 정서적 성과를 지원할 수 있다. 위에서 나온 대수학 과목의 시나리오에서는 강사가 본인의 실패 경험을 말해주고 학생들이 과목을 성공적으로 이수할 수 있도록 능력을 격려하고 자신감을 불어 넣어주기 위해 면대면 수업 방식을 사용하기로 결정했다. 온라인 수업은 개별 실습 및 피드백 기회를 학생들에게 제공하는 쪽으로 구성되었다. 각자 독특한 배경 속에서 온라인에서 좀 더 효율적으로 성과를 낼 수 있는 부분이 있고 면대면 수업에서 좀 더 효과적으로 성과를 낼 수 있는 부분이 있다.

개인적 관점

찰스 그레이엄 : 블렌디드 과정 시행을 위해 교사들에게 필요한 기술

나는 교직 생활 초기에 초등학교 교사들에게 향후 수업을 할 때 어떻게 기술을 활용하는지에 대한 방법을 학습하는 학급을 맡았었다. 그 당시 나는 학생들의 마음과 정신을 모두 수업에 참여시키는 것에 대한 필요성을 이해하지 못했다. 나는 졸업하기만 하면 본인들의 학급에서 기술을 사용할 수 있을 정도로 학생 전원이 지식과 기술을 숙달할 수 있게 활동을 구성했다.

학기 말에 나의 과정에 대한 코멘트 중 많은 분량이 실제로 "이제 컴퓨터로 많은 작업을 할 수 있게 되었다. 하지만 나는 기술이 싫고 앞으로 나의 학급에서 절대 이 기술들을 사용하지 않을 것이다."라는 내용이었을 때 내가 얼마나 놀랐는지 여러분은 짐작할 수 있을 것이다.

나는 엄청난 충격을 받았다. 교사 전원에게 지식과 기술을 설명하는 것에만 너무 초점을 맞춰서 본인들의 방식으로 개발해 왔던 기질을 무시해 버린 것이다. 나는 학생들이 과정을 통해 인지적인 성과를 낼 수 있도록 도와주기는 했지만,

인지적인 성과는 정서적인 성과가 동반되지 않으면 아무 의미도 없는 것이었다. 그래서 다음 학기에서는 좀 더 신경을 써서 학생들이 본인들의 학급에서 기술을 효과적으로 사용해야겠다는 열정을 북돋우고 미래에 새롭고 어려운 문제를 한 번 풀어보겠다는 욕구가 생길 수 있도록 학생들을 도움으로써 그들의 마음에 들고자 노력했다.

3.2 학습자들의 상호작용을 통한 참여 유도

교실 안팎에서 학생-교수진이 자주 교류를 가지는 것은 학생의 동기부여 및 참여에 있어 가장 중요한 요소다. 교수진들의 염려 덕분에 학생들은 어려운 시간을 극복하고 계속 공부할 수 있게 된다. 교수진 중 몇몇과 상호작용을 하게 되면 학생들의 지적 헌신(intellectual commitment)이 강화되고 학생 본인의 가치와 계획에 대해 생각할 수 있다.

치커링 & 갬슨 *(1987, p. 3, emphasis added)*

어떠한 학습활동에서라도 형성 가능한 일반 유형의 상호작용에는 세 가지가 있다. 학습자들은 강사, 다른 학습자, 교육 콘텐츠 자료와 직접 상호작용할 수 있다. 상호작용의 각 유형에 따라 다른 방법으로 학습경험에 도움을 준다. **여러 종류의 상호작용을 잘 결합하게 되면** 한 가지 형태의 상호작용만 두드러지게 활용한 수업 활동보다 **좀 더 참여를 유도할 수 있게 된다.**

● **학생 - 강사 간 상호작용.** 이 유형은 강사와 학생 간 상호작용을 말한다. 이 경우 근무시간 동안 일어나거나 개인 이메일 교환을 통해 이루어질 수 있기 때문에 일대일로 상호작용이 일어날 수 있다. 일대다의 관계로도 상호작용이 일어날 수 있는데, 강사 한 명이 학급 강의 혹은 토론에서 학생 그룹과 상호작용을 할 수 있기 때문이다.

- **학생 - 학생 상호작용.** 학습자 간의 상호작용은 비공식적으로 발생 하거나(예 : 자율적으로 구성된 스터디 그룹) 학급 토론, 논의, 그 룹 프로젝트 등의 방법으로 과정 내 공식적 부분이 될 수 있다.
- **학생 - 교육 콘텐츠 상호작용.** 콘텐츠와 상호작용을 가지는 것은 전통적으로 교과서 및 교과서를 기반으로 하는 교육 자료를 읽는 것과 연관된다. 이제 학생들은 비디오, 애니메이션, 시뮬레이션 등 개방된 웹에서 얻을 수 있는 모든 유형의 디지털 콘텐츠를 읽을 수도 있다.

사람과의 상호작용(강사 혹은 동료와의 상호작용)과 콘텐츠와 의 상호작용 모두 학습자들을 교감시키는 데 있어 각각의 장점 과 한계점이 있다. 표 3.1은 사람과의 상호작용과 콘텐츠와의 상 호작용을 적절하게 결합하여 과정의 일부로 설계할 때 고려할 수 있도록 장점과 한계점을 보여주고 있다.

물리적 거리와 심리적 거리

학생-강사 간 상호작용과 학생-학생 간 상호작용이 강한 이유 중 하나는 강사 나 학습 동료가 학생들과 정서적 차원에서 연결될 수 있는 능력을 가지고 있기 때문이다. 초기 원격 교육 연구가인 마이클 무어는 이 사실을 인지하고 '교류 거리 이론(theory of transactional distance)'을 개발했다.

이 이론을 통해 우리는 학습자들의 참여를 이끌어 내기 위해서는 정서적 거리 가 중요한 만큼 물리적 거리가 중요하지 않다는 점을 이해하게 되었다. 예를 들 어 어떤 학생이 학기 동안 200명의 학생들과 개인적인 관계가 전혀 발전하지 않은 강사가 이끄는 학급보다 지구 반대편에 살지만 자신과 개인적으로 상호작 용했던 온라인 강사를 정서적으로는 더 가깝게 느낀다.

표 3.1을 보고 사람과의 상호작용과 콘텐츠와의 상호작용이 서로 보완 작용을 해 주고 있다는 사실에 주목하라. 이는 적절하 게 두 유형을 결합해서 설계한다면 두 상호작용 형태의 장점을 활용하여 수업 중 학습자들을 참여시킬 수 있다는 것을 의미한다.

☑ 온라인 방식이나 오프라인 방식의 특성이 어떻게 학습활동 및 성과를 최적으로 지원해주느냐에 따라 온라인 혹은 오프라인 방식을 선택한다.

☑ 정서적 교감을 높이기 위해 사람 간의 상호작용을 적절한 때에 활용한다.

☑ 학습활동 및 레슨 계획을 통해 교사가 어려움을 겪고 있는 학생들과 개인적 상호작용을 할 수 있다.

주의

사람과의 상호작용과 콘텐츠와의 상호작용의 취약점에 중점을 두는 수업 설계도 가능하다. 이 경우, '두 형태의 최고 상태'가 결합되어 나오는 것이 아니라 '두 형태의 최악의 상태'가 결합되어 나온다.

표 3.1 사람과의 상호작용과 콘텐츠와의 상호작용에 대한 장점 및 한계점

	장점	한계점
사람과의 상호작용	**정서.** 사람들은 정서적인 차원(사랑, 공감, 걱정 등)에서 연결될 수 있다. 사람들은 전달력이 강한 주제에 대한 흥분 혹은 열정을 다른 사람들에게 효과적으로 전달할 수 있다. **복잡한 진단.** 콘텐츠에 전문 지식이 있는 사람들은 학생의 학습 중 어느 부분에서 문제가 있는지 신속하게 진단할 수 있다.	**인내심/일관성.** 사람들은 동일한 수업이나 피드백을 지속적으로 잘 하지 못한다. 지루해하고 흥미를 잃으며 실수하기 시작한다. **접근성/이용 가능성.** 한 사람이 동시에 학생들의 다양한 요구를 들어 주는 멀티태스킹은 쉽지 않다. 사람들은 또한 24시간 내내 상호작용하기를 원하지 않는다.
콘텐츠와의 상호작용	**인내심/일관성.** 컴퓨터는 동일한 수업이나 피드백을 지치지 않고 실수도 없이 정확하게 동일한 내용으로 여러 번 반복할 수 있다. **접근성/이용 가능성.** 콘텐츠와의 상호작용은 학습자가 필요하거나 원할 때, 하루 중 언제라도	**정서.** 컴퓨터나 정적 콘텐츠에는 감정이 없어서 학습자들과 정서적인 차원에서 연결되기 힘들다. **복잡한 진단.** 컴퓨터는 복잡한 진단을 실행하기에 적합하다. 특히 개체수가 많은 경우에는 더욱 그러하다. 하지만 복잡한

학습자들이 이용할 수 있다. 기기들은 동시에 여러 학생들에게 서비스를 제공하는 멀티태스킹이 가능하다.	학습 과업에 대해 진단하고 피드백을 제공하기에는 여전히 어려움이 따른다.

3.3 학습자 참여를 위한 사람들 간 상호작용 설계

좋은 교수법은 기술로만 귀결되는 것이 아니라 교사의
정체성과 진실성에서 나온다.
파커 *J.* 팔머

면대면 환경
서 좀 더 빨리 개인
인 관계를 맺을 수
다. 온라인 상호작
로다 오프라인 상호
용을 먼저 맺게 되면
벤디드 과정을 통해
인적인 인맥과 공동
의식을 형성하면서
는 있는 온라인 토론
가능해진다.

온라인상에서의 상호작용을 통해 강사의 자질이 훌륭하든 아니든 간에 해당 강사의 성격이 여실히 드러난다. 예를 들어 학생들과의 관계를 구축하고 개인적인 차원에서 학생들을 도와주는 데 관심이 있는 강사라면 온라인상에서 서로 연결할 수 있는 새로운 방법을 많이 찾아낼 것이다. 반대로 학급 내에서 지루하고 무미건조한 강의를 하거나 학생들과 개인적인 상호작용을 하는 데 관심이 없는 강사는 학생들과 교감할 수 있는 강의 비디오 영상을 제작해서 공유하려고 하지 않거나 온라인 커뮤니케이션 툴을 이용해서 학생들에게 다가가려고 하지 않을 것이다.

오프라인에서의 상호작용

오프라인에서 강사와의 상호작용 및 동료와의 상호작용은 전통적인 과정 학습의 주요 부분을 구성한다. 대부분의 학급에서는 강사들이 학습 시간의 대부분을 콘텐츠 제공 강의에 할애한다. 어떤 강의는 학생들의 질문이나 학급 토론에 시간을 많이 할애했을 수도 있다. 일반적으로 학습자들이 단지 과정의 콘텐츠에 대한 수동적인 소비자일 때보다 학급 내의 적극적인 참여자가 되는 기회가 더 많을 때 수업에 더 참여하게 된다.

전통적인 학급에서는 **모든** 학생들을 학습활동에 참여시키기 위해 강사가 할 수 있는 노력을 저해하는 문제점이 많이 있다. 표 3.2는 학생 참여를 방해하는 요소 및 전통적인 면대면 학급 환경에서 접할 수 있는 한계점에 대해 나열하고 있다.

칸 아카데미와 거꾸로 교실

칸 아카데미(www.khanacademy.org)는 거꾸로 교실 수업을 좀 더 쉽게 시행하기 위해 제작되었다(2장 참조). 칸 아카데미의 웹 사이트는 특정 기술을 가르쳐 주는 개별지도 비디오 영상 수천 편을 보유하고 있으며, 대부분 수학이나 과학 과목이다(그림 3.1). 해당 사이트의 목적은 자기주도 학습을 지원하는 것이지만 교사들이 블렌디드 과정 레슨 계획에 해당 사이트를 포함시킬 수도 있다.

칸 아카데미에서는 학생들이 학습하고 싶은 기술을 선택하고, 연습 문제와 지원용 개별지도 비디오 영상 등으로 상호작용한다. 보충 수업 및 실습에 대한 후속 조치를 위해 강사들이 수집된 학생 성적 관련 데이터를 활용할 수 있다.

그림 3.1 자기 진도에 맞춰 학습할 수 있는 개별지도 및 비디오 영상
(www.khanacademy.org)

온라인에서의 상호작용

온라인에서의 상호작용은 시간과 공간의 제약을 받지 않기 때문에 오프라인에서의 상호작용이 가지는 제약 상당수가 없다(표 3.2). 표 3.3은 온라인 수업이 오프라인 수업의 제약을 없애면서 오프라인 수업을 보완하는 데 어떻게 활용될 수 있는지를 설명하고 있다.

- ● 동기적 - 실시간으로 진행되는 수업
  (예: 전화 통화는 동시에 발생한다.)
- ● 비동기적 - 실시간으로 진행되지 않은 수업
  (예: 이메일 교환은 동시에 발생하지 않는다.)

과거의 어떤 시점에서는 온라인 상호작용이 텍스트를 기반으로만 이루어졌다. 이는 온라인 상호작용이 이메일이나 텍스트 기반 토론 게시판을 활용해서 진행되었음을 의미한다. 이메일이나 토론 게시판에서는 온라인상에서 느낄 수 있는 대화의 힘이나 감정 중 많은 부분을 느낄 수 없다. 최근 들어 기술이 진보하면서 멀리 떨어져 있는 학생들도 동기적 혹은 비동기적으로 텍스트나 오디오, 비디오를 이용해서 상호작용을 할 수 있게 되었다.

표 3.2 전통적인 면대면 학급 환경에서 학습자 교감에 대한 제약

	오프라인에서의 제약 사항
참여도	물리적 장소인 교실 내에서는 시간의 제약성으로 인해 학생 전원이 토론에 참여하거나 의견을 내는 일이 어려울 수 있다. 이러한 현상은 학급의 학생 수가 많을 때 더 현저히 나타난다. 훌륭한 교사들은 학급을 소규모의 토론 그룹으로 나누거나 파트너 공유법 등으로 인원수 문제를 해결한다.
진도	특히 학생 수가 많은 전통적인 학급의 경우, 수업 내용을 배우는 학생 개개인의 능력에 따라 수업 진도를 맞추는 일은 종종 쉽지 않다. 강사들은 보통 성적이 중위권인 학생들의 수준에 맞추어 진도를 나

	가는데, 이 경우 하위권 학생들은 여전히 뒤처지게 되고 상위권 학생들은 수업이 따분하게 느껴지게 된다.
맞춤식 수업	학생들은 다양한 학습 선호도를 보이는데, 교사들은 동시에 여러 명의 학생들을 가르치기 때문에 각 학생들의 선호도를 고려하여 수업하는 것이 어려울 수 있다.
장소 (실제성)	특정한 공간과 시간에 맞춰 수업이 진행되기 때문에 실제 학습활동 및 평가가 학급에 맞게 설계되는 것이 쉽지 않을 수 있다. 예를 들어, 여러분이 기존의 교실 수업에서 출석 시간에 제약이 없는 경우라면 간호, 초등학교 수업, 언어 학습 등 훈육 내용에 대한 실제 실습 활동을 어떻게 제공할지 고려해보라.
개인적 상호작용	규모가 작은 전통적인 학급의 경우라도 강사가 학생들 개개인과 일대일로 상호작용하기 위해 시간을 따로 배정하는 일이 쉽지 않을 수 있다. 강사들의 근무시간 중 학생들과의 개인적인 상호작용을 위해 배정해 놓은 시간은 학생들을 위한 업무를 보는 시간과 간혹 상충된다.
수업 준비	강사가 학생에게 필요한 부분을 맞춰주기 위해 실시간으로 레슨을 수정하려는 목적으로 과제 활동에 대한 이해도를 평가하기가 어렵거나 시간이 소요될 수 있다.

표 3.3 학습자 교감에 대한 제약을 해결하기 위해 온라인 수업에서 사용 가능한 방법들

	온라인 수업에서의 해결책
참여도	온라인 토론은 비동기적으로 진행될 수 있기 때문에 학급 내 학생 전원이 온라인 토론에 참여할 수 있다.
진도 속도	온라인 수업에서 진도를 나가는 속도는 각 학생마다 상이할 수 있다. 따라서 특정 개념을 이해하지 못한 학생은 다음 진도를 나가기 전에 학습 교재를 여러 번 반복해서 복습할 수 있다.
맞춤식 수업	온라인 환경에서는 학습 선호도에 가장 잘 맞는 학습 옵션을 학생들에게 제공할 수 있다.
장소 (실제성)	블렌디드 학습 과정은 실제로 존재하는 상황을 학습 공간으로 옮겨 올 수 있다. 예를 들어, 생중계 비디오를 이용해 가상의 공간에서 교실을 흥미 있는 장소로 바꿀 수도 있다. 또한 학생들이 직접 실제로 존재하는 장소에 가서 모바일 기기를 이용해 현지에서 강사 및 학우들과 커뮤니케이션도 가능하다.
개인적 상호작용	이메일, 문자메시지, 화상 채팅 등을 통한 일대일 온라인 상호작용은 학생들이 선호하는 강사와의 개인적 커뮤니케이션 방법이다. 이 경우, 유연성이 있고 학생들의 욕구를 충족시킨다.
수업 준비	어떤 과정 내에서 만족도나 발전 정도를 실시간으로 볼 수 있는 상태를 관리하기 위해 온라인 평가가 활용될 수 있다. 또한 강사들이 온라인 평가 결과를 살펴봄으로써 학급 내 수업을 위한 계획을 수립할 수 있다.

온라인 토론과 오프라인 토론의 결합 및 기타 상호작용

온라인이든 오프라인이든 어떤 특정 수업 전략을 사용하는 데는 장점도 있고 한계점도 있다. 장점 및 약점을 밝혀내는 경우에는 온라인과 오프라인 환경 모두의 장점을 이용하기 위해 상호작용을 설계할 수 있다. 예를 들어, 표 3.4에서는 면대면 및 온라인에서 진행되는 비동기적 토론에 대한 장점 및 약점이 나와 있다. 면대면 방식과 비동기적 방식 중 어느 한 가지만 활용한 과정의 경우 두 가지 방식을 모두 결합해서 운영되는 과정에서 가능한 방법을 이용해 학습자 전원이 수업에 참여하지 못할 수도 있다.

8장에서는 학생들이 학습 집단 내에서 동료 및 다른 사람들과 함께 참여하는 학습활동을 제작해 내는 몇 가지 예시와 방향에 대해 살펴볼 것이다.

☑ 온라인의 비동기적 특징과 오프라인의 동기적 특징을 활용하기 위해 토론 활동이 설계된다.

표 3.4 (주로 비동기적인) 온라인 토론과 면대면 토론의 강점 및 약점(Graham 2006, p. 18)

	오프라인(면대면)	온라인(비동기적)
강점	**인간관계.** 면대면 환경에서는 사회적 존재감을 결속하고 발전시키기가 좀 더 쉽다. 이를 통해 신뢰감을 쉽게 형성할 수 있다. **자발성.** 관련된 아이디어와 우연히 발견된 내용을 신속하게 연쇄적으로 연결할 수 있도록 해 준다.	**유연성.** 학생들은 본인들에게 가장 편한 시간 및 장소에서 토론에 참가할 수 있다. **참여.** 시간과 공간상 제약이 없기 때문에 학생 전원이 토론에 참가할 수 있다. **사고의 깊이.** 학습자들은 본인의 주장을 뒷받침하기 위한 증거를 신중하게 생각한 후 제공하고, 좀 더 깊이가 있고 신중한 생각을 전달하기 위해 시간을 가질 수 있다.

약점	**참여**. 학습자 전원을 참가시키는 것은 불가능하다. 특히 학급의 규모가 크거나 주도형(dominating) 성격의 학생이 있는 경우에는 특히 그러하다. **유연성**. 시간의 제약성은 여러분이 도달하고자 하는 깊이까지 토론이 이루어지지 않을 수 있다는 것을 의미한다.	**자발성**. 온라인에서는 관련된 아이디어와 우연히 발견된 내용을 신속하게 연쇄적으로 연결하도록 해 주지 못한다. **지연**. 학습을 지연시키려는 경향이 있을 수 있다. **인간관계**. 매체 자체가 인간미가 없다고 여겨지기 때문에 커뮤니케이션을 진행할 때 만족도가 더 낮을 수 있다.

3.4 학습자 참여를 위한 콘텐츠와의 상호작용 설계

학생-콘텐츠 간 상호작용은 학생-학생이나 학생-강사 간 상호작용과는 매우 다른 방법으로 학습자들을 수업에 참여시킨다. 블렌디드 과정 내에 학생들의 수업 참여를 위해 콘텐츠와의 상호작용을 구축하게 되면 컴퓨터와 인터넷을 24시간 활용할 수 있다는 장점이 있다. 즉, 컴퓨터와 인터넷은 피드백이 필요한 학생들에게 몇 번이고 같은 내용의 피드백을 제공해도 지치지 않고, 인간과 달리 여러 명의 학생에게 동시에 맞춤식 교육을 제공할 수 있다.

블렌디드 토론의 예시

면대면 토론을 먼저 진행하고 온라인 토론을 그 후에 시행. 강사는 학급 토론을 시작하기 위해 면대면 토론이 가지고 있는 강점 중 인간관계와 자발성을 이용하기로 했다. 학급 토론을 시작할 때 학생들의 흥미를 유발시키면서 토론을 이끌어 나가게 될 주요 이슈들을 학생들에게 알려주어 준비하게 한다. 하지만 주어진 시간 내에서 모든 학생이 토론에서 의견을 제시할 수는 없다. 수업이 끝난 후, 토론 장소를 온라인으로 이동해 학급에서 시행되었던 토론 내용을 기반으로 학생 전원이 토론을 계속 이어나갈 것으로 예상된다.

온라인 토론을 먼저 진행하고 면대면 토론을 그 후에 시행. 학급 수업 내에서는 토론에 배정된 시간에 한계가 있고, 강사는 가능한 한 매우 효과적으로 토론이 진행되기를 바란다. 그래서 1주일 전에 미리 온라인상에서 토론을 시작한다. 학생 전원은 의미 있는 의견을 제시하기 위해서 온라인 토론 대비용 자료를 읽어야 한다. 강사는 토론 내용을 통해 학급 토론을 위해 중요한 주제가 무엇인지 어떤 학생을 시켜 면대면 토론 시 요약을 맡길 것인지 파악한다. 학생들은 1주일 전에 이미 온라인상에서 한 주제에 대해 토론했던 터라 해당 주제에 대한 아이디어와 의견을 가지고 수업에 참여하기 때문에 학급 토론은 훨씬 깊이가 있을 수 있다.

학생 - 콘텐츠 상호작용은 일반적으로 두 가지 범주에서 생각할 수 있다. 하나는 **정적인 콘텐츠**와의 상호작용이고 나머지 하나는 **동적인 콘텐츠**와의 상호작용이다.

- **정적인 콘텐츠**는 학생들의 조언에 따라 바뀌거나 조정되지 않는다. 예로는 전자 서적, 웹 페이지, 온라인 비디오, 시각적 이미지 등이 있다.
- **동적인 콘텐츠**는 상호작용에 대한 대응으로 혹은 학생들의 조언에 따라 바뀐다. 예로는 애니메이션, 시뮬레이션, 수업에 대한 피드백을 제공하는 온라인 개별지도 시스템 등이 있다.

7장은 정적인 콘텐츠를 넘어서서 학습에 적용하는 것에 초점을 맞춘 콘텐츠 중심의 학습활동 개발을 중심으로 하는 내용이다.

3.5 요약 및 기준

학생의 마음과 정신을 모두 수업에 참여하게 만드는 과정은 양질의 학습활동을 위해 필수적이다. 참여 정도가 높다는 것은 그 학생이 동료 학생, 강사, 잘 설계된 콘텐츠와 상호작용한 결과다. 블렌디드 학습은 오프라인과 온라인 상호작용의 장점을 기반으로 해서 다양한 범위의 학습활동을 제공한다.

블렌디드 과정을 설계하려고 할 때 이러한 참여의 원칙들을 명심하길 바란다. 또한 정신적 측면에서 얻을 수 있는 인지적 결과와 함께 교수 학습 시 정서적인 요인(마음)이 어떻게 중요한 역할을 하는지 고려해야 한다는 사실을 기억하길 바란다.

☐ 온라인 방식이나 오프라인 방식의 특성이 어떻게 학습활동 및 성과를 최적으로 지원해주느냐에 따라 온라인 혹은 오프라인 방식을 선택한다.

☐ 정서적 교감을 높이기 위해 사람 간의 상호작용을 적절한 때에 활용한다.

☐ 학습활동 및 레슨 계획을 통해 교사가 어려움을 겪고 있는 학생들과 개인적 상호작용을 할 수 있다.

☐ 온라인의 비동기적 특징과 오프라인의 동기적 특징을 활용하기 위해 토론 활동이 설계된다.

참고 자료

Barkley, E. F. (2010). *Student engagement techniques: A handbook for college faculty*. San Francisco: Jossey-Bass.

Borup, J., West, R. E., & Graham, C. R. (2013). The influence of asynchronous video communication on learner social presence: A narrative analysis of four cases. *Distance Education*, 34(1), 48-63.

Chickering, A. & Gamson, Z. (1987). Seven principles of good practice in undergraduate education. *AAHE Bulletin*.

Dewey, J. (1916). *Democracy and education: An introduction to the philosophy of education*. New York: Macmillan.

Graham, C. R. (2006). Blended learning systems: Definition, current trends, and future directions. In C. J. Bonk & C. R. Graham (Eds.), *Handbook of blended learning: Global perspectives, local designs* (pp. 3-21). San

Francisco, CA: Pfeiffer Publishing.

McDowell, J. (2011). Using asynchronous video technologies to enhance learner engagement with formative feedback. *ALT-C 2011: Thriving in a colder and more challenging climate*. Retrieved from http://eprints.hud.ac.uk/10888/.

Merrill, M. D. (2008). Reflections on a four decade search for effective, efficient and engaging instruction. In M. W. Allen (Ed.), *Michael Allen's 2008 e-learning annual* (Vol. 1, pp. 141-167). Hoboken, NJ: Wiley Pfieffer.

Merrill, M. D. (2009). Finding e3 (effective, efficient and engaging) instruction. *Educational Technology*, 49(3), 15-26.

Moore, M. G. (1993). Three types of interaction. *Distance education: New perspectives* (p. 19). New York: Routledge.

Moore, M. G. (2007). A theory of transactional distance. In M. G. Moore (Ed.), *Handbook of distance education* (2nd ed., pp. 89-105). Mahwah, NJ: Lawrence Erlbaum Associates.

4장 블렌디드 과정 설계

창의력이 있어야 실수도 할 수 있다. 설계를 통해
어떤 실수를 자꾸 저지르는지 알 수 있다.

스코트 아담스

명확하고 간단한 프로세스를 이용해 블렌디드 과정 설계 단계
마다 의사 결정을 쉽게 할 수 있다. 명확하고 간단한 프로세스는
블렌디드 과정 설계 최종안이 학습 중심적이고 계속적인 개선
기회를 활용한다는 점을 확실히 보장할 수 있다.

4.1 과정 설계 재고

이제 과정 하나를 시작하려 한다. 예전에 수업을 했던 과정일
수도 있고 완전히 새로운 과정일 수도 있다. 여러분이 속해 있는
교육기관이 과거에 이 과정을 제안했을 수도 있다. 예전에 사용
했던 표준 교과서, 교육 자료, 평가 방법 등이 있을 수도 있다.
블렌디드 교수법에 기존 과정을 접목하는 경우, 재설계 전략
은 분명하다. 바로 어떤 오프라인 수업을 온라인상으로 옮길 수
있느냐 하는 것이다. **단순히 오프라인 활동을 온라인상에 복제
하는 것은 안타깝게도 최상의 학습 효과를 낼 수 없다.** 최악의
경우, 오프라인 과정의 엄격함, 교감, 학습 성과를 블렌디드 과정
이 따라가지 못할 수도 있다.

이것이 바로 블렌디드 과정이 일반적으로 가지고 있는 위험 요소 중 하나다. 그 외 위험 요소는 다음과 같다.

- **'부담이 1.5배인 학급' 조성.** 온라인 활동이나 오프라인 활동을 단순히 기존의 과정 설계에 추가하면서 학생들이 공부해야 할 내용이 늘어날 가능성이 아주 커진다. 블렌디드 재설계는 추가하는 것이 아니라 대체되어야 하는 것이다.
- **목적이 불분명한 기술.** 단순히 기술 자체를 위해서 기술을 사용하게 되면 학생들이 학습 성과를 내기 위해 진도를 나가는 데 자칫 방해 요소가 될 수 있다. 대신 단계마다 학습 성과에 초점을 맞추어 보라.
- **블렌디드 학습에 맞지 않는 방법.** 몇몇 오프라인 활동은 온라인 환경에서는 적용하기 힘들 수 있고, 억지로 온라인 환경에 맞추게 되면 변화를 위한 재설계 과정의 의미가 퇴색될 수 있다. 대신 블렌디드 과정 설계는 전반적인 교육학적 접근 방식에 대한 재고를 기반으로 한다.

개인적 관점

제러드 스타인: 블렌디드 과정으로 설계한 웹 디자인 과정

내가 실제로 블렌디드 과정을 처음 진행한 것은 몇 년 전 가르쳤던 온라인 전용 과정을 재설계하면서였다. 처음에는 기존의 온라인 전용 수업을 블렌디드 과정에 맞게 고칠 수 있다고 생각했다. 그래서 학생들이 흥미를 느낄 수 있는 주제를 명확하게 설명하고 분석하기 위해서 열린 토론을 진행하려고 주 1회 오프라인 수업을 열기로 했다. 하지만 오프라인 수업을 개설하고 나서 내가 원하는 결과를 얻지 못했다. 왜냐하면 많은 학생들은 이미 온라인에서 진행되었던 강의나 설명인데도 오프라인 수업에서 다시 듣기를 원했기 때문이다. 몇몇 학생들은 이미 지정된 온라인 활동에서 이수한 내용이었기 때문에 이런 방식의 오프라인 수업은 시간 낭비라고 당연히 불만을 제기했다.

근본적으로 오프라인 수업에서 내가 시행했던 활동들에 대해 다시 한 번 생각해 볼 필요가 있겠다고 판단했다. 그래서

- 온라인 레슨을 복습 퀴즈 시간으로 계속 활용했지만 과제 제출일을 각

오프라인 모임이 시작하기 직전으로 옮겼다. 이를 통해 학생들은 오프라인 모임 전에 자료들을 읽어보고 올 수 있게 되었다.

- 오프라인 과정의 성과와 그에 해당하는 온라인 활동들을 꼼꼼히 살펴보고 나서 어떤 수업이 오프라인에서 좀 더 효과적으로 시행될 수 있을지 생각했다. 결국 온라인 활동 중 몇 개를 빼고 직접 해 보는 활동이나 소그룹활동을 만들었다. 예를 들어 유용성 시험(usability testing)에 대해 토론하기 전, 온라인 비디오를 보던 활동이 학급 내에서 모의 유용성 시험을 하는 활동으로 변형되었다. 학급에서는 유용성을 평가 대상 항목을 함께 선별해서 학생들끼리 서로 협력하여 임의로 선택한 웹 사이트와 그들과의 상호작용을 관찰했다.

- 각 학급의 마지막 수업 시간 때는 시간을 따로 배정해서 실시간으로 문제 해결 시간을 가지고자 했다. 학생 누구나 오프라인 수업 시작 전에 이메일을 통해 매주 프로젝트에 대한 질문을 할 수 있다. 큰 소리로 문제 해결 과정을 보여주면서 정기적으로 학급의 협조를 얻게 되었다. 이를 통해 학생들이 일종의 인지적 도제(cognitive apprenticeship)를 경험함으로써 해결책을 이해하고 본인들 스스로 유사 문제 해결 전략을 채택하는 데 도움을 준다.

☑ 블렌디드 과정의 학습량은 온라인 버전 혹은 오프라인 버전과 동일하다.

☑ 온라인 방식이나 오프라인 방식의 특성이 어떻게 학습활동 및 성과를 최적으로 지원해주느냐에 따라 온라인 혹은 오프라인 방식을 선택한다.

'거꾸로' 진행해서 과정 설계 단순화하기

동기적 학습과 비동기적(텍스트 기반 인터넷) 학습활동의 장점을 통합한다는 개념에 대해 직관적으로 많은 관심이 있다. 동시에 가상에서 과정을 설계할 수 있는 경우의 수가 무한대이고 너무나 많은 상황에 적용할 수 있다는 점이 장애 요소로 작용하면서 장점을 통합하려는 시도가 상당히 복잡해지기도 한다.

개리슨 & 카누카(2004)

흔히 발생하는 위험 요소를 피해가기 위해서는 블렌디드 과정이 다른 어떤 수업보다도 학습 중심(learning-centered)이 되어야 한다. 이는 교사와 학생들이 특정 학습 성과를 이루려는 목표를 공유하고 해당 목표를 달성하기 위해 함께 노력한다는 것을 의미한다.

교사들은 학생들의 학습에 초점을 두면서 목표를 향해 발전할 수 있도록 지원하는 체계, 상호작용, 활동, 피드백 등을 제공하며, 이것이 바로 과정 설계의 기본 요소가 된다.

교사가 목표 달성에 성공한 학생에 대한 명확한 비전을 제시할 수 있고 과정이 끝나는 시점에서 지식이나 기술, 태도, 능력 등을 입증할 수 있는 경우 최고의 학습 성과를 올릴 수 있다. 즉, 우리는 목표를 마음에 새기고 시작해야 하는 것이다.

따라서 우선 우리는 학습 목표 및 **성과**부터 파악해야 한다. 목표가 어느 정도 성취되었는지에 대한 결과를 파악하고 신중하게 설계된 **평가**를 통해 피드백이 제공된다. 학생들이 해야 할 일은 의미 있는 **학습활동**, 즉 지식을 습득하고 기술을 함양하며 행동이나 태도를 형성하는 활동 등을 통해 해당 평가를 잘 받을 수 있도록 준비하는 것이다. 그림 4.1에서는 이러한 과정의 방향을 보여주고 있다.

이러한 '역방향(backward)' 설계는 처음에는 직관적이지 않은 것처럼 보일 수도 있지만 여러분의 성공적인 학습을 위한 요소들을 고려한다. 항상 목표를 마음에 새기고 시작해야 하지 않겠는가?

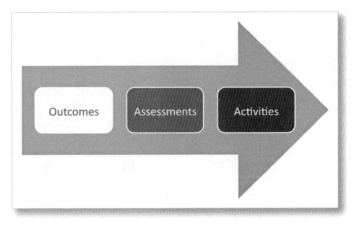

그림 4.1 학습경험의 역방향 설계 3단계

여러분이 프로젝트나 과업을 시작할 때 어떤 결과 혹은 성과가 나올지에 대한 아이디어를 가지고 있지 않나? 여러분 본인 혹은 다른 사람들이 여러분의 성공 여부를 결정하는 그 어떤 방식이 항상 존재하지 않았나? 여러분을 성공으로 이끄는 작업이나 실습, 실험 등이 항상 있지 않았나?

경력이 있는 교사들은 이상적인 학습 성과가 학생들을 위한 것이라는 것을 암암리에 알고 있을 것이다. 하지만 교사들은 본인들이 목표한 학습 성과에 대해 자세히 설명하지 못할 수도 있다. 명확하게 설명이 가능한 목표 중에서 설계 시작 과정부터 학습 성과를 측정할 수 있다면 모든 평가 및 활동들은 해당 교육 목표에 따라 분명히 조정될 수 있을 것이다. 조정이 진행된 평가들을 통해 학습자들이 도달해야 하는 학습 성과를 얻으려면 어느 정도로 활동해야 하는지 결정될 것이다. 조정 작업은 다음 3가지 방법으로 도움을 준다.

- **조정을 통해** 교사들이 주요 학습 성과에만 초점을 맞춤으로써 **과 정 설계 작업을 좀 더 관리하기 쉽게 해 준다.**
- **조정을 통해** 학습활동의 범위를 제한함으로써 **학습 시간을 좀 더 효 율적으로** 쓸 수 있도록 해 준다.
- **조정을 통해** 우리가 평가하는 대상이 배운 내용이 될 수 있도록 보장함으로써 **좀 더 나은 학습 성과를 가져온다**(Cohen 1987).

☑ 학습 자료 및 활동 등은 학습 성과가 잘 나오도록 지원한다.

☑ 평가를 통해 학습자들이 도달해야 하는 학습 성과를 어느 정도에서 얻을 수 있을지 결정된다.

역방향 설계처럼 보일지 모르지만, 이 조정 과정의 또 다른 측면은 교사들로 하여금 첫 단계에서 강의계획서에 초점을 맞추기 보다는 강의계획서는 차차 작성하고 우선 과정의 목표 및 성과를 확인하고(5장) 레슨을 1회 이상 설계하는(6장~9장) 데 초점을 두는 것이다. 이러한 설계 방식은 학습 성과와 평가, 활동 등을 설계하고 개발하는 데 있어 유용한 단계로 작용할 것이다(그림 4.2 참조). 이 책에서는 이 방법을 한 번에 하나의 레슨을 설계할 수 있는 단계에 적용하는 데 초점을 두고 있다.

Realism, Naturalism, and Local Color -- From 1860s to the Early 20c		☰
Week Two		
📄 Week Two Readings & Resources ✔ viewed the page		
🅰 Quiz: Whitman, Dickinson, Bierce, Freeman must score at least a 9	Jan 29	10 pts
💬 Discuss Emily Dickinson (f2f / online)	Jan 29	20 pts
💬 Discuss Walt Whitman (f2f / online)	Mar 2	30 pts
💬 Discuss Ambrose Bierce & Mary Wilkins Freeman (f2f / online)	Mar 24	30 pts
Week Three		
📄 Week Three Readings & Resources		

그림 4.2 단일 레슨에 대한 거꾸로 설계의 단순한 단계

여러분의 블렌디드 과정 설계 프로세스를 진행하기 위해 블렌디드 과정 기획을 도와줄 **과정 설계 지도 템플릿**을 제공하려 한다. 이 템플릿을 5장~8장의 내용과 연계해서 각 레슨을 설계하는 데 활용하길 바란다.

WEB 과정 설계 지도 템플릿 혹은 그 외의 우수한 설계 참고 자료를 웹 사이트에서 검색해 보길 바란다.

표 4.1 각 레슨의 중요한 구성 요소를 나열해 놓은 계획표

레슨 명: 과정 오리엔테이션		
목표:		
성과	평가	활동
과정 오리엔테이션 목표: 과정 참가에 대한 준비		
· 과정의 한계 및 기대치를 이해하기 · 학우들의 얼굴을 익히고 팀에 합류하기 · 과정 웹 사이트 및 도구와 친숙해지기	· 강의계획서상 100퍼센트 퀴즈로 평가(온라인) · 팀 단위로 참가(온라인) · 토론방 내에서의 소개 (온라인)	· 만나고 인사하고 과정에 대한 개괄적인 설명 듣기(면대면) · 강의계획서 읽기(온라인) · 과정 웹 사이트 탐색하기(온라인)
레슨 명 *레슨 목표*		
1. 성과 2. ...	1. 온라인 혹은 면대면 평가 2. ...	1. 온라인 혹은 면대면 활동 2. ...

오프라인에서 몇몇 활동들이 진행된다고 할지라도 본질적으로 블렌디드 과정의 레슨들은 온라인에서 구성될 것이다. 온라인 레슨은 다음의 구성 요소로 구성될 수 있다.

● 활동들을 구성하고 배열하기 위한 모듈 혹은 폴더(그림 4.3)
● 레슨의 성과를 보여주고 참고 자료를 제공하는 등 레슨을 설명하는 도입 페이지(들)
● 온라인 토론방, 퀴즈, 과제 및 기타 온라인 활동

한 번에 한 가지 레슨에만 집중을 해야 현재 진행 중인 학습경험에 대한 작업 버전을 개발해서 향후 제작될 레슨 버전에서의 개선 사항을 즉시 평가하고 개선하며 개선 사항을 통해 배울 점을 찾을 수 있게 될 것이다. 이러한 현상을 이 책에서는 **반복적 개발**(iterative development) 전략이라고 말할 것이다.

Realism, Naturalism, and Local Color -- From 1860s to the Early 20c		≡
Week Two		
📄 Week Two Readings & Resources ✔ viewed the page		
⒜ Quiz: Whitman, Dickinson, Bierce, Freeman must score at least a 9	Jan 29	10 pts
💬 Discuss Emily Dickinson (f2f / online)	Jan 29	20 pts
💬 Discuss Walt Whitman (f2f / online)	Mar 2	30 pts
💬 Discuss Ambrose Bierce & Mary Wilkins Freeman (f2f / online)	Mar 24	30 pts
Week Three		
📄 Week Three Readings & Resources		

그림 4.3 LMS 내 단일 레슨의 구성

4.2 반복적 개발 전략

반복적 개발 전략은 아래에 나오는 세 가지 활동을 통해 계속적으로 개선 활동이 진행되어야 한다고 강조함으로써 개개인의 학습활동, 레슨, 단원 등을 위한 역방향 설계법을 발전시킨다.

1. **설계하기**. 역방향 설계를 이용해서 레슨 버전 제작하기
2. **참여하기**. 학생들은 교사가 제작한 블렌디드 레슨을 진행하면서 학습을 하게 된다.
3. **평가하기**. 블렌디드 설계의 결과 및 피드백을 점검한다. 오프라인 혹은 온라인에서 발생하는 변화 중 어떤 변화가 설계 내용을 개선할 수 있는가?

이 모델에서는 학습활동에 **참가**한 학생들이 블렌디드 과정의 효과를 **평가**하게 된다. 평가 결과를 바탕으로 레슨 설계에 대한 변경 혹은 개선이 이루어진다(그림 4.4).

반복적 개발 모델 프로세스는 특히 블렌디드 과정 설계에 효과적이며, 그 이유는 다음과 같다.

● 대부분의 교사들은 블렌디드 설계에 익숙해져야 한다.
● 온라인 혹은 오프라인 환경 모두에서 최상의 방법이라고 여겨졌던 수단들이 처음에는 확실히 그 효과가 드러나지 않을 가능성이 매우 높다.

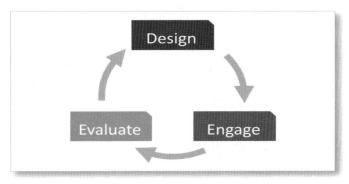

그림 4.4 반복적인 주기를 통해 교사들은 설계 속도를 높일 수 있고 시간이 지나면서 블렌디드 과정을 개선시킬 수 있다.

여러 차례 반복을 통한 현장학습 과제 변경

'해양학 입문' 과목은 한 학기 동안 현장학습을 위해 5곳의 다른 장소를 선정했다. 각 현장학습마다 학생들은 그룹으로 활동하며 지금까지 다루었던 자료를 바탕으로 본인들이 발견한 내용들을 기록해야 한다.

현장학습에 대한 온라인 활동의 1차 과제는 교사들의 검토를 위해 현장학습을 통해 알게 된 내용들을 문서로 제출하기만 하면 된다.

하지만 교사는 제출 과제의 질이 천차만별이며 학생들이 다른 그룹의 관측 내용을 배울 기회를 놓치고 있다는 점을 알게 되었다.

Week 1 Field Trip Log Assignment

Due Jan 18 by 10:59pm   **Points** 10

During each field trip, your group will be required to find, document, and share some aspect of the environment (I'll give specific instruction on what to look for when we're onsite). Here's how to proceed from there:

1. During the field trip, **record a short video of your finding.**

2. **Upload your video** to this assignment. If you don't include a detailed description of your finding in the video itself, write one up. Refer to the field log guide for more info.

그림 4.5 현장학습의 1차 과제는 현장학습을 통해 알게 된 내용을 교사에게 제출하는 것이다.

그래서 교사는 우선 학생들에게 요구하는 사항을 명확하게 설명해 주는 채점 기준표를 제시했다. 그리고 나서 학습 관리 시스템의 '동료 비평(peer review)' 기능을 활용하여 현장학습 과제를 학생들이 검토하는 방식으로 변경했다. 학생 그룹은 교사가 사용하는 것과 동일한 채점기준표를 이용해서 다른 그룹의 과제물을 검토해야 한다.

여러 학기 동안 해양학 입문 과정을 가르치고 난 후, 교사는 조사를 통해 학생들의 의견을 들었다. (1) 과정 중에 주제에 대한 온라인 토론이 학습을 강화하는 데 항상 유용하지는 않았다. (2) 학생들은 현장학습 동료 비평을 통해 각 그룹의 과제를 살펴봄으로써 많은 것을 배웠다.

Week 1 Field Trip Log Assignment

Due Jan 18 by 10:59pm   **Points** 10

During each field trip, your group will be required to find, document, and share some aspect of the environment (I'll give specific instruction on what to look for when we're onsite). Here's how to proceed from there:

1. During the field trip, **record a short video of your finding.**

2. **Upload your video** to this assignment. If you don't include a detailed description of your finding in the video itself, write one up. Refer to the field log guide for more info.

3. After the due date, you will receive 2 submissions from other groups to review using the attached rubric (see online guide to completing peer reviews).

Be sure to sign up for your group *before* joining us on the field trip if you haven't already. Use the course calendar to check dates and times.

Field Trip Log Rubric						
Criteria	Ratings					Pts
Discovery is relevant and interesting	Exactly relevant and very interesting in context of this week's lesson. 3 pts		Partly relevant or interesting in context of this week's lesson. 2 pts		Lacks relevance or interest. 1 pts	3 pts
Discovery is thoroughly described view longer description	Detailed and accurate description 4 pts	Generally accurate description 3 pts	Important details are missing from description 2 pts		Generally incomplete or inaccurate description 1 pts	4 pts
Discovery is documented with video	Video completely captured discovery 3 pts		Video mostly captured discovery 2 pts	Video failed to capture significant features of discovery. 1 pts		3 pts
					Total Points: 10	

그림 4.6 현장학습 과제의 반복을 통해 채점기준표를 활용해 피어 리뷰를 시행

교사는 학생들의 의견을 참조해서 주제에 대한 온라인 토론 횟수를 줄이고 현장학습 동료 비평 과제를 열린 토론 공간으로 옮겨 학생들이 학급 전체를 위해 현장학습 내용을 온라인에 올려서 서로 볼 수 있고 의견을 달 수 있도록 했다.

가장 최근에 변경한 과제 제출 방식의 경우, 채점기준표 기준 공식 평가가 미흡하게 이루어지며, 이 부분은 동료 비평 과정을 줄이면 해결된다. 하지만 결국 각 그룹들은 단순히 코멘트를 읽는 것보다 학우들로부터 좀 더 많은 피드백을 얻을 수 있고, 이러한 피드백을 통해 의미 있는 토론을 할 수 있게 되었다.

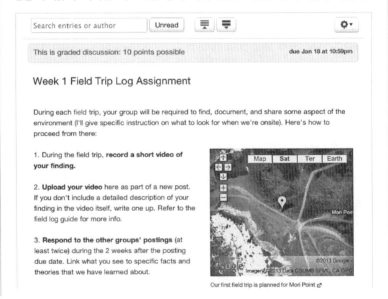

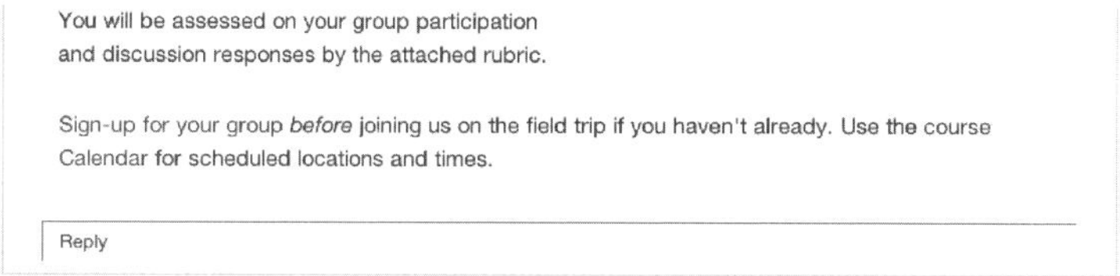
You will be assessed on your group participation
and discussion responses by the attached rubric.

Sign-up for your group *before* joining us on the field trip if you haven't already. Use the course Calendar for scheduled locations and times.

Reply

그림 4.7 세 번의 반복과정을 통해 각 그룹의 현장학습 성과보고서는 학급 전체가 토론에 참여할 수 있는 토론방에 올리도록 과제 제출 형식이 변경되었다. 또한 여러 번의 반복을 통해 하이퍼링크가 추가되고 현장학습 위치에 대한 구글 맵도 표시하게 되었다.

- 혁신적인 반복과정은 좀 더 효과적이고 효율적인 교수 학습을 만들 수 있다.

예를 들어, 여러분이 블렌디드 과정 2주차나 3주차 만에 학생들이 온라인 자료를 공부해 와야 하는 오프라인 활동을 제대로 준비하지 않고 오는 것 같다는 사실을 발견했다고 치자. 그러면 여러분은 학생들이 온라인 자료를 공부해 오도록 해당 레슨에 사전 학습(pre-class), 온라인 퀴즈 등을 포함하도록 변경할 수도 있다.

반복적인 과정을 통해 첫 번째 단원에서 알게 된 사실을 바탕으로, 다음 단원에서는 사전 퀴즈(pre-quiz)를 실시한 후 오프라인 활동에 대한 학생들의 준비 상황을 평가할 수 있다. 평가 결과를 바탕으로 교사가 내린 설계 과정 결정 사항에 대해 확신을 가지거나 틀렸음을 인정할 수 있고, 다음 반복과정에 도움을 줄 수 있다.

변경된 사항이 효과적인 경우, 앞으로 계획하는 레슨 전부에서 온라인 사전 퀴즈를 시행하게 될 것이다. 여러분이 초기에 변화를 실행하는 것은 추후 변경 내용이 확연히 적을 것이라는 것을 의미하며, 이는 과정 설계가 '완벽'하다고 판단된 후의 일이다. 위와 같은 방법을 이용해서 지속적으로 평가하고 수정하는 교사들은 거의 자동적으로 반복적 개발 프로세스를 만들 수 있다.

과정을 변경하는 작업은 단순히 기존의 과정을 변경해서 진행시키는 것 이상의 의미를 가지고 있다. 과정 변경의 목표는 **기존 과정을 개선하는 것**뿐만 아니라 **변경으로 인한 결과를 향후 레슨에 적용시키는 것**에도 있다. 따라서 현재 진행 중인 레슨을 최근에 반복한 작업은 다음 레슨을 위한 역할 모델을 할 수 있다. 반대로 다음에 진행될 레슨은 시행, 평가, 반복의 본보기로 간주된다.

이러한 전략은 각 레슨마다 블렌디드 과정을 개선해 줄 뿐만 아니라 여러분 각자의 설계 및 개발 기술을 각 반복과정을 통해 향상해 준다. 여러분은 이 방식대로 효과적인 블렌디드 설계에 대해 좀 더 배우게 될 것이고, 배운 내용을 여러분의 과정 설계 시 바로 적용하게 될 것이다.

여러분이 다음 레슨의 설계를 시작하려면 평가와 활동 등을 통해 알게 된 이전 단원의 성과들을 기록하기 시작할 것이다. 여러분이 성과 내용을 더 많이 기록할 때뿐만 아니라 평가 및 활동을 통해 성과들이 구체화되는 것을 지켜봄으로써 학습 성과를 기록한 내용들이 개선된다. 따라서 여러분이 레슨 전체에 대한 본보기 유형을 제작하는 경우, 향후 진행되는 레슨에 대한 성과 기록이 전체 설계 프로세스의 바탕이 될 것이며, 학습 성과에 대한 작문 실력을 향상시켜 줄 것이다.

☑ 블렌디드 과정을 손볼 때마다 작은 규모로 과정을 개선할 수 있는 계획을 세워 보라.

☑ 과정 설계를 평가하게 되면 향후 반복을 통해 해당 과정을 수정할 수 있다.

4.3 요약 및 기준

블렌디드 학습의 두 가지 주요 요소(면대면, 인터넷 기술)를 기존에 주로 사용되던 접근법 혹은 방법에 단순히 추가하는 것이 아니라 어떻게 효과적으로 통합시키느냐 하는 것이 실제 시험 대상이다.

개리슨 & 카누카 *(2004, p. 97)*

블렌디드 과정은 오프라인 환경과 온라인 환경을 섞어 놓은 형태에서 비롯되는 수많은 변수를 양산해 내기 때문에, 그리고 블렌디드 과정 설계를 계획하고 가르치는 것이 많은 교사들에게 새롭기 때문에 단순한 프로세스가 효과적이고 지속적인 결과를 낼 수 있다.

이 책에서는 학습 중심의 '역방향' 설계 프로세스를 권장함으로써 학습 성과를 시작으로 학습 성과를 측정하는 평가를 설계하고 최종적으로는 학습을 촉진시키는 활동들을 만들어낸다. 또한 교사들에게 한 번에 블렌디드 과정을 구성하는 활동 중 적은 분량에 초점을 맞추라고 이야기한다(예: 레슨 하나, 단위 하나 등). 이를 통해 반복적 개발이 쉬워진다. 이는 학습 중심 평가 결과를 기반으로 해서 현재 진행 중인 방식으로 수정되어야 하는 본보기를 생산해 내는 과정이다.

☐ 블렌디드 과정의 학습량은 온라인 버전 혹은 오프라인 버전과 동일하다.

☐ 온라인 방식이나 오프라인 방식의 특성이 어떻게 학습활동 및 성과를 최적으로 지원해주느냐에 따라 온라인 혹은 오프라인 방식을 선택한다.

☐ 학습 자료 및 활동 등은 학습 성과가 잘 나오도록 지원한다.

☐ 평가를 통해 학습자들이 도달해야 하는 학습 성과를 어느 정도에서 얻을 수 있을지 결정된다.

☐ 블렌디드 과정을 손볼 때 마다 작은 규모로 과정을 개선시킬 수 있는 계획을 세워 보라.

☐ 과정 설계를 평가하게 되면 향후 반복을 통해 해당 과정을 수정할 수 있다.

참고 자료

Anderson, T. (2008). Towards a theory of online learning. In T. Anderson (Ed.), *The theory and practice of online learning* (2nd ed., pp. 45-74). Edmonton, Canada: Athabasca University Press.

Briskman, L. (1980). Creative product and creative process in science and art. *Inquiry*, 23(1), 83-106.

Cohen, A. (1987). Instructional alignment: Searching for a magic bullet. *Educational Researcher*, 16(8), 16-20.

Garrison, D., & Kanuka, H. (2004). Blended learning: Uncovering its transformative potential in higher education. *The Internet and Higher Education*, 7(2), 95-105. doi:10.1016/j.iheduc.2004.02.001.

Graham, C. R., & Robison, R. (2007). Realizing the transformational potential of blended learning: Comparing cases of transforming blends and enhancing blends in higher education. In A. G. Picciano & C. D. Dziuban (Eds.). *Blended learning: Research perspectives* (pp. 83-110). Needham, MA: The Sloan Consortium.

McGee, P., & Reis, A. (2012). Blended course design: A synthesis of best practices. *Journal of Asynchronous Learning Networks*, 16(4), 7-22.

Rathbun, G. A., Saito, R. S., & Goodrum, D. A. (1997). Reconceiving ISD: Three perspectives on rapid prototyping as a paradigm shift. *Proceedings the 1997 National Convention of the Association for Educational Communications and Technology* (pp. 291-296). Albuquerque, NM.

Slims, R., Dobbs, G., & Hand, T. (2002). Enhancing quality in online learning: Scaffolding planning and design through proactive evaluation. *Learning*, 23(2). doi:10.1080/0158791.

Wiggins, G., & McTighe, J. (2005). *Understanding by design* (2nd ed.). Upper Saddle River, NJ: Prentice Hall.

5장 목표 및 성과로부터의 과정 기획

어떤 요인으로 인해 교사가 수업을 하고 학생들은 과정을 듣는지에 대한 기본적인 질문들을 종종 잊어버리곤 한다.

- 학습자는 과정 중 어떻게 변화하게 될 것인가?
- 학습할 가치가 있는 내용은 무엇인가?
- 제한된 시간을 어떻게 하면 가장 현명하게 쓸 수 있을까?

위 문제들을 통해 우리는 해당 학기의 일정에 맞추기 위해 진도를 조정해야 하는 일반적인 과정 목표 및 특정 학습 성과를 정한다. 블렌디드 과정도 다르지 않다. 사실상 블렌디드 과정은 면대면 과정 혹은 온라인 과정과 동일한 목표 및 성과를 가져야 한다. 즉, 블렌디드 과정은 도구나 방법만 바뀔 뿐이다.

 4장에서 과정 설계 지도 템플릿을 소개했다. 복사본을 다운로드하려면 해당 웹 페이지를 방문해 보길 바란다.

5장에서는 다음의 기능을 가진 과정 설계 지도(course design map) 제작을 도와주려 한다.

- 각 레슨 혹은 단원별로 발전하는 과정을 안내해 주는 **청사진**을 제공한다.
- 평가 및 활동 등을 용이하게 시행하기 위해 사용되는 기술의 종류에 관계없이 **평가 및 활동을 조정**할 수 있도록 해 준다.
- 오프라인 활동과 온라인 활동을 **좀 더 창의적이고 효과적으로 결합**할 수 있도록 해 준다.

해야 할 일

5장 끝까지 참고하고 난 후 여러분의 과정 설계 지도에는 해당 과정의 간략한 설명과 함께 레슨 혹은 단원에 맞게 설계된 개괄적인 목표 목록이 포함되어야 한다. 그 후, 본보기로 설계할 레슨 하나를 선택해서 해당 레슨의 목표와 연관된 특정 학습 성과를 기록하면 된다.

과정 설계 지도는 다음의 내용을 제공함으로써 해당 과정의 강의계획서의 체계를 잡아 줄 것이다.

● 해당 과정에 대한 설명 요약본
● 개괄적인 목표 목록
● 각 목표에 따른 특정 학습 성과

5.1 과정 설명 요약본

일련의 학습경험들처럼 여러분이 선택한 과정 역시 어떤 특정 방법을 통해 학습자들을 변화시키는 데 궁극적인 목적이 있다. 이 책에서는 **해당 과정에 대한 요약본**과 목표 학습자들에게 끼치게 될 영향력에 대해 작성할 것을 권한다. 학교에서 제공하는 수강 편람이나 강의계획서에 과정 설명이 이미 나와 있을 수도 있다. 지금이 바로 이전부터 있었던 과정 설명서를 검토해서 그대로 사용하든지 아니면 해당 과정의 목적에 맞출 수 있는 절호의 시기다.

과정 설명서는 아래에 나오는 내용 위주로 작성될 수 있다.

● **수강 대상자에 대한 설명.** 어떤 학습자를 위한 과정인가? 어떤 기술을 보유하고 있나 혹은 보유하고 있어야 하나?
● **과정 목표에 대한 요약.** 해당 과정을 수료하고 나면 학습자들은 어떤 지식이나 기술, 태도를 함양하게 되는가? 어떠한 주제들이 다

루어지게 되는가?

- **사용하게 될 전략 제안**: 일반적으로 어떤 방법으로 가르치나? 학생들은 어떻게 학습해야 하나? 이러한 질문에 대한 답은 교사의 교수 철학과 해당 학교의 관행에 따라 달라지며, 여러분이 과정을 설계하는 대로 개발되거나 변경될 수 있다.

예를 들어 '해양학 입문' 과정에 대한 설명서를 살펴보자.

> 생물학과 화학에 기본 지식이 있는 학습자라면 해양 및 연안 지역에 영향을 미치는 물리적 과정에 대한 이해를 도모하고 기본적인 과학적 절차를 전 세계 해양 관련 질문에 적용할 수 있을 것이다. 학습자들은 해양 환경 문제에 대해 이해한 내용을 본인들의 삶과 연관 짓거나 분석할 수 있을 것이다.
> 학습자들은 수업, 직접 해 보는 실험, 실습 활동, 현장학습, 토론 등을 교실 안팎에서 다양하게 경험해 볼 것이다.

☐ 과정 설명 요약본에서는 수강 대상자, 과정 목표, 수업 전략 등을 소개한다.

5.2 과정 목표를 위한 지도 제작

과정 설명서는 일반적으로 해당 과정이 어떤 과정인지에 대해 소개하고 있다. 설명서가 다루는 내용은 개개인의 과정 목표까지 확대될 수도 있는데, 과정이 끝나는 시점에서 높은 단계의 학습자란 어떤 유형인지를 설명하고 있다.

목표 대 성과

학습자들이 노력으로 어떤 대상을 성취하느냐에 대해 언급할 때 교육학자들이 사용하는 용어 중에 혼란을 야기할 수 있는 것들이 몇 개 있다(예 : 기준, 목표, 성과, 목적 등). '성과(outcome)'란 아마도 가장 일반적으로 사용되는 용어로 때로는 '프로그램 단계(program-level)', '과정 단계(course-level)', '단원 단계(unit-level)' 등과 함께 사용된다. 또한 한 과정 내에서 학습자에게 기대하는 성과를 표현하는 용어들은 각자 다르긴 하지만 서로 연관되어 있다. 즉, '목표(goals)'와 '성과(outcome)'라는 용어를 통해 일반적인 것과 특정한 것에 대한 구분을 분명히 하였다.

대부분의 과정에서는 학생들이 도달했으면 하는 목표를 높은 수준으로 설정한다. 한 과정의 목표는 너무 일반적인 개념이라 쉽게 측정하지 못하기 때문에 각 목표는 특정한 학습 성과의 형태로 구체적으로 제시되어야 한다. 성과에서는 학습자들이 함양했으면 하는 지식, 태도, 행동, 기술 등이 상세하게 열거된다.

예를 들어, 해양학 입문 과정에서는 목표들이 아래처럼 세분화될 수 있다.

목표1. 지구의 기원, 지구의 대기, 해양에 대한 이론을 이해한다.
목표2. 해양 지식의 역사적 발전 과정을 서술한다.
목표3. 판구조론을 이해하고 판구조론과 해저의 주요 특성이 생성되는 것과의 관계를 규명한다.
… 각 목표에 대한 특정 학습 성과들은 다음과 같다.

목표1. 지구의 기원, 지구의 대기, 해양에 대한 이론을 이해한다.
1. 태양계와 우주의 맥락에서 지구, 대기, 해양의 성장 단계를 설명한다.
2. 46억 년 전부터 현재까지의 지질 주상 단면 혹은 시간 척도에 대한 기본 개요를 서술한다.
3. 방사성 연대 결정 및 지리학적 시간 척도를 설명한다.
4. 절대적 연대 측정과 상대적 연대 측정을 비교한다.

목표 2. 해양 지식의 역사적 발전 과정을 서술한다.

    1. '해양학'을 형성하기 위해 수집된 과학의 다양성에 대해 설명한다.

    2. 과학으로서의 해양학의 발전을 요약한다.

    3. 해양에 대해 설명하고 지도를 제작하는 데 있어 항해의 중요성을 서술한다.

    4. 지도와 차트의 다른 유형들을 인지한다.

    5. 항해 시 지도와 차트를 제공하기 위해 위도, 경도, 시간을 활용한다.

    … 기타 등등

■ 생각해 볼 문제

과정이 마무리되었을 때 해당 과정을 성공적으로 이수한 학생은 어떤 모습이어야 하나? 그 학생은 무엇을 알고 있나? 무엇에 관심이 있나? 어떻게 행동하나? 어떤 일을 수행했나? 어느 단계로? 어떤 상황에서?

시간을 내어 여러분의 학생들이 과정 전과 후에 어떻게 달라졌는지에 대해 기술해 보라. 또한 여러분이 개설한 과정에서 얻은 경험으로 향후 5년 동안 학생들에게 어떤 영향을 끼치게 될지 상상해 보라. 이렇게 구체적으로 상황을 그려보게 되면 여러분이 블렌디드 설계 프로세스를 진행하는 동안 학생들의 정신과 마음을 교감하는 쪽으로 여러분을 안내할 것이며 학생들이 필요로 하는 사항을 해결해주는 활동 및 피드백을 제공하는 데 도움을 준다.

여러분이 블렌디드 과정을 가르치는 일을 마무리할 때마다 여러분이 사용했던 평가 방식을 통해 각 학생에 대해 명확한 그림을 그릴 수 있어야 하고 학생의 비전과 얼마나 맞아 떨어지는지를 제시할 수 있어야 한다. 그렇지 못한 경우라면 아마 여러분의 평가 방식은 바른 척도의 기준이 아닌 것이다.

과정 목표는 어디에서 볼 수 있나?

대부분의 교사들은 과정 목표를 제공하는 교육 과정 내용을 학교 혹은 부서에서 열람할 수 있다. 몇몇 학교에서는 온라인(아마 학습 관리 시스템(LMS))을 통해 목표를 저장하고 열람하게 할 수도 있다. 온라인상에서 해당 과정의 목표가 열람 가능한 경우 온라인상에서 정보를 찾아봄으로써 개인적인 차원에서는 많은 시간을 절약할 수 있고 교육학적 목표를 다루고 있음을 확실하게 보장할 수 있다.

첫 번째 목표인 "지구의 기원, 지구의 대기, 해양에 대한 이론을 이해한다."에서는 학습자들이 과정 중에 함양했으면 하는 일반적인 능력이나 속성(이해도)에 대해 설명하고 있다. 하지만 이해도의 경우는 측정하기가 쉽지 않다. 이해도가 의미하는 바가 무엇일까? 이 단계에서는 학습자들이 어떤 특정 이론을 알아야하나? 해당 지식이 얼마나 상세해야 하나? 상세 정도를 어떻게 측정할 수 있나?

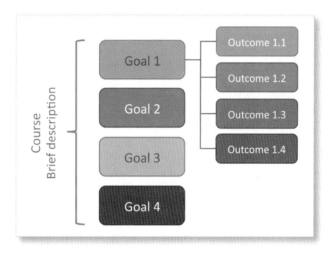

그림 5.1 과정의 목표와 성과에 대한 지도를 만들게 되면 그 관계를 잘 알 수 있게 되고 다른 과정 설계 활동들이 원하는 학습에 초점을 맞출 수 있게 된다.

어떤 목표를 특정 학습 성과로 세분화시키려면 세 가지 단계가 필요하다.

1. 목표를 달성하기 위해 무엇이 필요한지 정확하게 기술한다.
2. 평가 방식을 성과의 증거에 맞춘다.
3. 학기 중 매주 마다 교사들이 학습 진도를 균등하고 혁신적으로 진행할 수 있도록 돕는다.

☐ 과정 목표는 명확하게 기술되고, 과정이 마무리되는 시점에서 과정을 성공적으로 이수하는 학습자에 대해 서술한다.

5.3 특정 학습 성과에 대한 기술

단순한 과정 설명서가 발전해 과정의 목표가 되는 것처럼 과정 목표 달성을 입증하기 위해 필요한 만큼 각각의 과정 목표는 특정 학습 성과로 확대되어 간다.

여러분은 과정 전체를 살펴보고 나서 각 과정 목표에서 파생된 학습 성과를 작성해볼 수 있다. 하지만 학습 성과에 대한 기술을 시작하기 전에는 레슨 한 개만 선택하면 된다.

다시 '해양학 입문' 과정으로 돌아가서 학습 성과가 학습 목표보다 어느 정도 더 구체적인지 알아보기 위한 예시를 한 번 보도록 하자.

목표1. 지구의 기원, 지구의 대기, 해양에 대한 이론을 이해한다.

학습자들은 아래의 활동이 가능하게 될 것이다.

1. 태양계와 우주의 맥락에서 지구, 대기, 해양의 성장 단계를 설명한다.
2. 지질 주상 단면 혹은 46억 년 전부터 현재까지의 시간 척도에 대한 기본 개요를 서술한다.
3. 방사성 연대 결정 및 지리학적 시간 척도를 설명한다.
4. 절대적 연대 측정과 상대적 연대 측정을 비교한다.

학습 성과는 전형적으로 목적어+동사의 형태로 기록된다. 여기에서 동사는 숙달된 학습자에 대한 기대 행동 혹은 기술(예: 설명하다 등)을 규정하며, 목적어는 특정 과업이나 지식(예: 방사성 연대 결정, 지리학적 시간 척도 등)을 나타낸다.

성과에 대한 대상은 적혀 있지 않아도 알 수 있다. 바로 학습자다! 하지만 "학습자들은 ~를 할 수 있게 된다."라는 문구를 포함시켜 학습 성과에 대한 목록을 작성하는 것이 효과적일 수도 있다. 이 사실을 기억하는 것은 중요하다. 왜냐하면 학습자들에게 초점을 맞춘다는 것은 수업을 목적 그 자체로 보는 것이 아니라 수업을 통한 학습에 집중하고 있다는 사실을 보장한다는 의미이기 때문이다.

학습 성과는 읽어보기만 해도 학습자들이 학습을 성공적으로 마쳤는지를 증명할 수 있는 근거들이 무엇인지 쉽게 이해될 수 있도록 명확하게 작성되어야 한다. 잘 작성된 학습 성과는 명확하게 측정되어야 할 뿐 아니라 다양한 평가 방법을 고려해야 한다.

인지적 성과와 정서적 성과

수업에는 학습자들이 학습 성과 기대치에 도달하는 데 필요한 활동들을 선택하는 과정이 중점적으로 수반된다. 성과 기대치는 인지적(정신) 성과와 정서적(마음) 성과 모두 가능하다.

인지적 성과

정신과 관련된 인지적 성과는 해당 학습자가 함양하는 **지식 및 기술**과 관련된 성과다. 인지적 성과는 전형적으로 학생들 본인이 무엇을 알고 어떤 것을 할 수 있는지 직접 증명함으로써 측정된다.

> ▸ 예시: 소규모 기업에서 대차대조표를 조사하기 위해 스프레드시트를 활용할 수 있는 능력

정서적 성과

마음과 관련된 정서적 성과는 해당 **학습자가 어떤 사람이 되어야 하는지**를 제안해 주는 태도 혹은 기질과 관련이 있는 성과다. 전형적으로 정서적 성과는 마음에서 일어나는 생각들이기 때문에 측정하기가 훨씬 더 어렵다.

> ▸ 예시: 정직하게 행동하고 고객들과의 비윤리적인 협상에 휘말리지 않는 회계사가 되고 싶다는 다짐

> ▸ 예시: 자연계와 교감하는 직접 경험을 통해 해양의 건강과 안전성을 위해 헌신하고자 하는 의지를 표명

그림 5.2 워드프로세스 등의 간단한 도구를 사용해서 학습 목표에 따른 성과를 구성할 수 있다.

온라인 대 오프라인 학습 시간

1장에서 설명한 대로, 활용 가능한 수업 시간을 계산함으로써 여러분의 블렌디드 과정에 대한 일반적인 틀을 잡아보라. 오프라인에서 시행할 수 있는 수업 시간이 어느 정도 되는지 알고 나면 그에 따라 어느 정도 시간을 온라인 수업에 할애할 수 있는지 알 수 있다.

온라인 기술을 통해 '숙제'의 종류도 범위가 넓어지고 교실 밖에서 일어날 수 있는 학습활동들도 많아졌다. 이 때문에 블렌디드 과정을 설계할 때 총 학습 시간을 계산하는 것이 매우 중요하다. 오프라인 활동과 학생들이 교실 밖에서 시행하거나 별개로 진행하는 전통적인 학습활동 모두를 온라인 활동으로 대체할 수 있다.

한 과정에서 개의 목표를 잡아 하는지를 정하는 법은 없다. 하지만 험을 통해 45시간 정(3학점)이라면 개의 일반적인 목 로 압축된다는 것을 수 있다.

학습 성과는 가능한 한 간단명료해야 한다. 여러분이 학습 성과에 대해 작성할 때 특수성을 유지한 채 서로 결합될 수 있는 관련 성과들을 살펴보라. 낮은 단계의 인지 능력(어떤 대상에 대해 알거나 이해하는 능력)이 높은 단계의 인지 능력(적용하거나 평가하는 능력)을 함양하기 위해 사실상 얼마나 기초를 다지는 데 도움을 줄 수 있는지 파악함으로써 여러 성과들을 결합할 수 있다. 기본적인 인지 능력에 대한 설명을 보려면 부록 2를 참조하길 바란다.

☑ 블렌디드 과정의 학습 성과는 온라인 버전 혹은 오프라인 버전의 성과와 동일하다.

☑ 학습 성과는 측정 가능하고 구체적이다.

☑ 학습 성과는 과정 목표와 관련되어 있고 학습자에 중점을 둔다.

5.4 목표 및 성과를 일정에 맞게 조정

목표 전체를 목록화 하는 경우, 학습 성과를 작성한 다음 단계는 해당 **성과를 과정의 일정에 맞게 어떻게 구성할지**를 결정하는 것이다. 예를 들어, 과정의 일반적인 목표가 5개 있다면 15주 과정의 학기 중 각각의 목표 달성을 위해서는 3주가 걸릴 것인가? 어떤 목표의 경우 다른 목표들에 비해 더 많은 성과로 구성되어 있는 것처럼, 몇몇 목표는 다른 목표들에 비해 달성하는 데 시간이 좀 더 걸리고 실습이 좀 더 필요할 수 있다.

목표 및 성과들은 레슨별로 구성되어 블렌디드 과정의 기본틀을 구성하는 데 도움을 줄 수 있다. 레슨은 학습활동 및 평가 활동으로 구성된 개별 단위로 구성되어 있으며, 활동 및 평가를 통해 매일 혹은 매주 블렌디드 과정에서 주기를 결정할 수 있도록 도와준다. 레슨 당 보통 1~2개의 목표를 가지게 되지만 드물게 그 이상의 목표를 가지는 레슨도 있다. 때때로 목표가 너무 커서 2개 이상의 레슨에 걸쳐 계속된다.

레슨을 구성할 때 오프라인 수업 시간 일정을 고려해 보라. 예를 들어 여러분이 구상하는 블렌디드 과정이 일주일에 한 번 오프라인 모임이 잡혀 있다면, 오프라인 모임이 열리는 날짜 부근으로 레슨을 배치할 수 있다. 아마 오프라인 수업에서 레슨을 시작하거나 마무리하게 될 것이다. 이는 레슨이 1주일 동안 지속된다는 것을 의미한다.

그 후, 한 번에 레슨 한 개에 중점을 두고 있는 학습 목표는 한 번에 한 개의 특정 성과로 확장되어 여러 개의 특정 학습 성과를 열거할 수 있다(표 5.1).

목표를 특정 학습 성과로 세분화함으로써 여러분은 블렌디드 평가(6장 참조) 및 학생들이 해당 성과에 도달할 수 있도록 도와주는 최적의 학습활동을 위한 계획(7장, 8장)을 세울 수 있다.

과정의 성과가 어떻게 해당 과정의 일정에 맞춰졌는지 점검하는 경우, 해당 목표나 성과가 수정되거나 여러 개로 나누어 지거나 하나의 목표나 성과로 합쳐져야 된다는 사실을 발견할 수도 있다. 이것은 좋은 신호다. 과정의 설계는 여러 차례의 반복을 통해서 개선되기 때문에 기회가 있을 때마다 수정해 보길 바란다(9장 참조). 이러한 측면에서 여러분은 명확성을 확보할 수 있

효율성을 극대화하기 위해 학생들이 다양한 성과를 낼 수 있도록 도와주는 활동 및 평가를 설계해 보기 바란다. 이 방법은 특히 이전 활동의 학습을 토대로 설계된 활동에 적용 가능하다.

고 반드시 주제가 적절한 범위를 다루게 할 수 있다.

표 5.1 여러 개의 성과가 제시된 레슨 계획 예시, 성과 제시 후 평가 및 활동이 이어진다.

레슨 : 판구조론 소개(3주차)		
목표 : 판구조론에 대해 알고, 해저 지형의 주요 특징 형성과 판구조론과의 관계에 대해 이해한다.		
성과	**평가**	**온라인/면대면 활동**
1. 지각의 표면을 구성하는 판과 그 경계의 이름을 확인한다. 2. 지구 내층을 스케치한 후 묘사한다. 3. '대륙 이동설' 이론을 설명한다. 4. 열점(hot spot) 등의 대양저 확대설을 뒷받침하는 증거를 분석한다. 5. 침전물의 두께 및 나이가 다른 현상을 설명하기 위해 대양저 확대설 이론을 적용한다.	1. 연습 퀴즈에 90%(여러 번의 시도, 성과 전체) 2. 오프라인 동료 수업 참여도(SRS 데이터, 다양한 성과) 3. 개념 지도 과제 (성과 1, 2, 3)	1. 비디오 강의 및 BBC 클립을 시청한다(온라인). 2. 가능한 한 많은 횟수로 실습 퀴즈를 친다(온라인). 3. 개념 지도를 검토한다 (면대면 및 온라인). 4. 동료 수업 활동에 참여한다(면대면). 5. 개념 지도를 제작한다. 6. 팀 단위로 현장학습 1에 참가한다(면대면).

☑ 각각의 학습 성과를 달성하기 위해 충분한 시간이 배정된다.

5.5 목표 및 성과를 과정 웹 사이트에 게재

블렌디드 과정의 온라인 허브로 LMS나 별개의 웹 사이트를 사용할 계획이라면 이 새로운 환경에서 목표 및 성과를 작성함으로써 첫 작업을 시작할 수 있다. 일단 과정 웹 사이트에 게재되고 나면 목표 및 성과들은 언젠가는 평가 및 활동들과 쉽게 연계되어 성과가 완벽한 블렌디드 학습경험으로 발전할 수 있다.

온라인상에 나와 있는 목표 및 성과에 대한 목록은 학습자,

교사, 관리자 등에게 해당 과정의 범위를 설명해 주는 커리큘럼 지도로서의 역할을 한다.

여러분이 LMS를 사용하는 경우라면...

과정 차원 혹은 학과 차원에서 여러분이 성과를 작성하고 구성할 수 있도록 해 주는 LMS 툴을 이용해 보라.

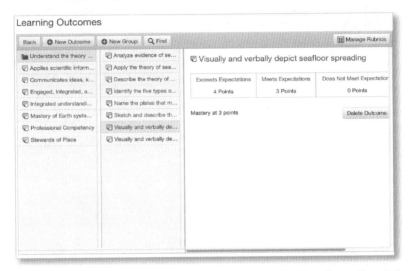

그림 5.3 LMS는 교사들을 위해서(혹은 학과를 위해서라는 더 좋은 목적으로) 목표 및 학습 성과를 창출해 내고 구성하며 공유할 수 있도록 툴을 제공한다.

학과 차원에서 성과를 공유한다는 사실은 많은 교사들이 과정 내에서 동일한 성과를 찾아보고 활용할 수 있다는 것을 의미한다. 특정 학습 성과들은 조직적인 그룹이나 직접적인 연관성을 통해서 좀 더 일반적인 과정 목표로 결부될 수 있다.

교수들을 위한 학내 기술 센터나 LMS 기록을 통해 어떻게 LMS 평가, 채점기준표, 문제 은행, 활동 등이 특정 학습 성과로 결부될 수 있는지 알아보라. 또한 어떤 종류의 자동화 보고나 분석 자료가 LMS를 통해 성과 기반 평가를 위해 활용될 수 있는 지를 찾아보라.

여러분이 본인의 웹 사이트를 제작한 경우라면...

해당 과정의 모든 목표와 성과를 찾아볼 수 있는 인덱스 기능을 하는 페이지를 만들어 보라. 여러분이 과정 웹 사이트를 제작하는 경우, 이 인덱스 페이지와 심지어는 개인적으로 '기반을 두고 있는' 학습 성과로 연결되는 간단한 하이퍼링크를 사용할 수 있다.

5.6 요약 및 기준

과정 설계 지도를 제작하게 되면 블렌디드 과정 개발이 더 쉬워지고 처음부터 끝까지 더 일관되게 작업할 수 있다. 개괄적인 과정 목표에 대한 간단한 과정 설명서를 제작하는 것을 시작하면 특정 학습 성과로서의 목표 각각을 상세히 설명하기 위한 기초 작업을 한 것이다. 일반적인 과정 목표는 측정 가능하고 명확하게 작성되는 특정 학습 성과와 관련이 있다.

WEB 본인의 지도를 개발하는 경우 웹 사이트에 있는 과정 설계 지도 견본을 참조해 보라.

목표와 학습 성과를 명시하는 작업은 블렌디드 과정 설계 시 중요한 과정이다. 왜냐하면 여러분의 과정 설계 지도를 위한 학습 체계를 세울 수 있도록 도와주기 때문이다. 목표 및 성과에 중점을 두게 되면 여러분이 온라인 활동과 오프라인 활동 중 선택을 할 때 기술에 중점을 두는 것이 아니라 학습에 중점을 둘 수 있도록 도와주기도 한다. 이것이 바로 블렌디드 과정을 위한 학습 성과가 해당 과정의 오프라인 혹은 온라인 버전에 대한 성과와 동일해야만 하는 이유다. 여러분이 일반적인 설명서와 개괄적인 과정 목표를 가지고 과정 설계 지도를 시작하게 되면 하나의 레슨을 선택해서 그에 따른 특정 학습 성과를 작성하고 싶어질 것이다. 여러분이 특정 학습 성과를 달성한 것을 나타내는 평가 및 활동들의 설계를 시작하면서 본보기로 활용할 레슨을 개발하게 될 것이다.

- ☐ 과정 설명 요약본에서는 수강 대상자, 과정 목표, 수업 전략 등을 소개한다.
- ☐ 과정 목표는 명확하게 기술되고, 과정이 마무리되는 시점에서 과정을 성공적으로 이수하는 학습자에 대해 서술한다.
- ☐ 각각의 학습 성과를 달성하기 위해 충분한 시간이 배정된다.
- ☐ 블렌디드 과정의 학습 성과는 온라인 버전 혹은 오프라인 버전의 성과와 동일하다.
- ☐ 학습 성과는 측정 가능하고 구체적이다.
- ☐ 학습 성과는 과정 목표와 관련되어 있고 학습자에 중점을 둔다.

참고 자료

Berliner, D. (1990). What's all the fuss about instructional time? *In The nature of time in schools: Theoretical concepts, practitioner perceptions* (pp. 3-35). New York and London: Teachers College Press.

Fink, D. L. (2003). *Creating significant learning experiences: An integrated approach to designing college courses.* San Francisco, CA: Jossey-Bass.

Heer, R. A model of learning objectives-based on *A taxonomy for learning, teaching, and assessing: A revision of Bloom's Taxonomy of educational objectives*. Center for Excellence in Learning and Teaching, Iowa State University. Retrieved from www.celt.iastate.edu/teaching/evisedlooms1. tml, June 22, 2012.

Krathwohl, D. R. (2002). A revision of Bloom's taxonomy: An overview. *Theory into Practice*, 41(4), 212-218.

Skibba, K. A. (2006). A cross-case analysis of how faculty connect learning in a hybrid course. In *Proceedings of 47th Annual Adult Education Research Conference* (pp. 346-352).

Willingham, D. T. (2009). *Why don't students like school? A cognitive scientist answers questions about how the mind works and what it means for your classroom*. San Francisco, CA: Jossey-Bass.

현재 우리의 위치를 제대로 판단할 수 있는 유일한 방법은
우리의 목표가 어떤 것인지와 관련된다.

위긴스*(1998)*

평가의 목적은 학생들의 수행 실적을 직접적(예 : 관찰) 혹은
간접적(예 : 시험)으로 점검함으로써 학생들의 학습 성과 달성
여부를 살펴보는 데 있다. 평가와 평가 근거인 성과는 향후 학생
들이 과정을 수료하고 배운 내용을 적용한 후에 실생활에서 수
행했으면 하는 활동 혹은 기술을 반영하여야 한다.

블렌디드 과정에서는 오프라인 및 온라인 평가를 활용함으로
써 학생들의 학습을 평가하는 교사의 수단이나 방법이 확장될
수 있다. 이를 통해 교사들은 특정 학습 성과를 내기 위해 가장
적절한 평가 방식을 선택할 수 있다. 오프라인에서 교사들은 주
의 깊게 시험을 모니터하고 프레젠테이션, 시연, 커뮤니케이션
등을 직접 관찰할 수 있다. 온라인에서는 디지털상으로 학생들
의 과제를 제출 받아 검토할 수 있다. 과정 수행 결과는 기록되
거나 실시간으로 전송될 수 있고, 컴퓨터 기반 테스팅(computer-
based testing)을 통해 지식을 객관적으로 평가할 수 있으며, 학
습 진행 상황은 일지, 블로그, 분석 자료 등을 통해 시간의 흐름

에 따라 추적 가능하다.

평가는 단지 무엇인가를 판단하는 과정만은 아니다. 평가를 통해서 학생들은 유용한 피드백을 얻을 수도 있다. 학습 개선을 위해 학생들이 피드백 내용을 적용할 수 있도록 최대한 신속하게 피드백이 이루어져야 한다. 온라인 툴은 비동기적 커뮤니케이션의 유연성을 제공하는 동시에 자동적으로 피드백이 전송되도록 하며(예: 컴퓨터를 이용한 퀴즈를 통해) 학습활동 시 사람 간의 상호작용을 용이하게 해 준다(예: 온라인 토론을 통해). 그와는 별개로 교사들은 피드백을 받게 될 시기와 방법을 명확하게 제시함으로써 학생들이 피드백을 적용할 마음의 준비를 할 수 있도록 도와준다.

해야 할 일

6장이 끝나고 나면 여러분의 과정 설계 지도 내에 있는 본보기 레슨에 대해 시행한 특정 평가 사항을 메모해 놓게 될 것이다. 여러분이 작성한 노트에는 평가가 온라인에서 이루어질지 오프라인에서 이루어질지 여부와 평가를 진행하는 데 있어 무엇이 필요하게 될지에 대한 내용이 나와 있어야 한다. 5장의 표 5.1을 참조하라.

오프라인 평가 및 면대면 피드백도 장점은 있다. 특히 공감과 격려를 하면서 피드백을 제공해야 할 때 그러하다. 따라서 블렌디드 과정 내에서는 온라인 및 오프라인 평가가 함께 이루어져야 한다. 이렇게 온라인과 오프라인이 결합된 평가 방식을 통해 다음과 같은 기회가 생성된다.

● **평가의 다양성이 개선된다.** 동일한 형식의 평가가 반복되는 경우 학생들은 최고의 점수를 얻을 수 있을 것이다. 블렌디드 과정에서는 온라인 혹은 오프라인에서 시행할 수 있는 활동들이 더 다양해진다. 시연, 개인 간 커뮤니케이션, 연구 논문, 프레젠테이션, 디지

털 스토리텔링, 컴퓨터를 이용한 퀴즈 등이 예시가 될 수 있다. 다양한 형태의 평가를 통해 학습 성과들이 다른 관점에서 철저하게 평가받을 수 있다.

[팁] 평가를 통해 학생들에게만 피드백이 제공되는 것은 아니다. 교사들도 평가 결과를 바탕으로 향후 활동을 수정하고 본인들의 수업 관행을 조절한다.

● **평가 시행 횟수가 증가한다.** 평가 시행 횟수는 특정한 성과를 이루어야 하는 학생들의 학습 진행 상황에 대해 좀 더 많이 체크할 수 있도록 해 준다. 또한 학기 내내 여러 차례에 걸쳐 평가를 시행함으로써 압박감과 걱정도 덜 수 있다. 온라인 툴을 통해 관리 및 자동 피드백 작업이 용이해지는 경우 저부담(lower-stakes) 평가를 좀 더 자주 시행할 수 있다.

● **실제 상황 평가(authentic assessment)에 집중한다.** 실제 상황 평가의 목적은 최대한 '실제 세계'에 가까운 상황이 되어 실제로 사용하는 콘텐츠나 모방 활동을 활용하는 것이다. 때때로 오프라인에서 시행되는 평가가 실제 상황과 가장 가까워질 확률이 높지만, 온라인 기술 덕분에 개방된 웹에서 디지털 콘텐츠를 공유하는 행위 등 이전에는 너무 힘들었던 많은 활동들이 가능해졌다. 오프라인에서 시행되었으면 시간과 공간의 제약을 받았을지 모르는 실제 상황 평가도 가능하게 만든 것이 온라인 기술이다.

● **수행 결과에 대한 피드백을 강화한다.** 피드백은 학생들이 본인의 현재 위치를 알아보는 데 중요하다. 최고의 피드백은 해당 학생이 어떤 학습 성과를 달성하지 못했고 어떻게 수행 결과를 향상시킬 수 있는지를 명확하게 알려준다. 하지만 모든 학생에게 원하는 만큼 자주 피드백을 충분히 제공해 주는 것은 어렵다. 온라인 툴을 통해서 세부 사항을 기재해 더 신속하게(어떤 경우는 자동적으로 피드백이 제공됨) 피드백을 제공해 줄 수 있다.

☑ 평가를 통해 학습자들이 도달해야 하는 학습 성과를 어느 정도에서 얻을 수 있을지 결정된다.

☑ 성적에 반영되는 과제는 다양하다(예: 특별 프로젝트, 반성적 과제, 연구 논문, 사례 연구, 프레젠테이션, 공동 작업 등).

☑ 교사의 피드백은 적절한 방식으로 제공된다.

☑ 학생들은 교사로부터 피드백을 받는 시기와 방법에 대해 알고 있다.

■ 생각해 볼 문제

블렌디드 평가를 탐구하기 전에 여러분 본인의 학력에 대해 돌이켜 생각해 보라. 여러분이 학습 과정을 수료하기 위해 해야 했던 시험, 논문, 프로젝트 등을 상기해 보라. 위와 같은 평가 방법들 중 기억 속에 남아 있는 것이 있는가? 있다면, 그 이유는 무엇인가?

여러분이 실제로 아는 것을 측정하는 데 아주 훌륭했다고 판단되는 평가 방법을 하나 생각해 보라. 이제 잘 측정하지 못했다고 판단되는 평가 방법을 하나 생각해 보라. 차이점은 무엇인가?

여러분이 잘못 알고 있었던 내용을 바로 잡아주고 더 많은 것을 가르쳐 주며 향후 더 좋은 성적을 낼 수 있도록 도와주었던 평가 방법에 대해 생각해 보라. 또한 유용한 피드백을 거의 혹은 아예 주지 않았던 평가 방법과 학습 기회를 허비하게 한 경우가 있다면 해당 평가 방법을 생각해 보라.

마지막으로 위와 같은 평가 방법들이 오프라인 수업에 참여하거나 면대면 상호작용에 의한 것인지 고려해 보라. 이러한 평가 방법들이 컴퓨터의 자동화 능력, 정보로의 접근성, 즉각적인 피드백 등을 통해 진행되었나? 혹은 진행될 수 있었나?

이러한 문제들을 생각해 봄으로써 효과적이고 각 개인에게 심적으로 영향을 줄 수 있는 다양한 블렌디드 평가 옵션들을 생각할 수 있어야 한다.

☑ 교사의 피드백 등 새로운 정보를 얻은 후에는 해당 정보를 적용할 수 있는 기회가 학생들에게 주어진다.

6.2 오프라인 평가

블렌디드 과정에 대한 평가 방법 설계는 학습 성과를 점검하고 평가 방법에 대한 아이디어를 구상한 후 평가 장소를 오프라인과 온라인 중에서 선택하는 과정을 의미한다.

일반적으로 블렌디드 과정 중 오프라인에서의 시간은 온라인 보다는 제한적이기 때문에 평가를 시행하는 오프라인 환경에서의 장점부터 한 번 살펴보자.

평가 윤리 유지

오프라인에서 평가를 진행하게 되면 가장 눈에 띄는 장점으로 교사들이 학생들을 직접 모니터링함으로써 평가 윤리를 쉽게 수행할 수 있다는 점을 들 수 있다. 학생 수가 많은 학급이라고 해도 부정행위를 완전히 차단할 수는 없겠지만 억제하기 위해서 좀 더 효율적으로 학생들을 관찰할 수는 있다. 이는 고부담 평가 시 중요한 요인이다.

하지만 이러한 특성이 온라인 평가가 신뢰할 수 없다는 것을 의미하지는 않는다. 특별한 예방책과 설계 고려 사항들이 있다면 학업 윤리(academic integrity)가 보장될 수 있다는 것을 의미한다. 이 문제는 뒷부분에서 좀 더 다루도록 하겠다.

신체 활동의 시연

스포츠나 공예, 환자와의 상호작용, 랩에서의 절차 등과 연관된 활동에서 신체 활동을 평가하려면 오프라인에서 시행하는 평가가 온라인보다 더 쉬울 수 있다. 이러한 시연이 진행되는 동안 학생과 물리적으로 같은 공간에 있으면서 교사는 다양한 감각을 활용해 여러 각도에서 학생을 관측할 수 있다. 또한 필요한 경우 시연 후 실시간으로 개입할 수도 있다.

비디오 녹화 혹은 화상회의 도구를 사용해서 온라인에서 신체 활동 시연이 진행될 수 있기는 하지만, 또 다른 차원의 복잡한 문제가 생길 수도 있고 평가의 정확성에 지장을 줄 수도 있는 기술적인 문제에 대한 가능성도 존재한다.

라이브 프레젠테이션

온라인 프레
젠테이션 기술이 필요
한 직업도 있다. 세일
즈 마케팅, 프리랜스
작업 등과 연관된 과정
에서는 학생들이 실제
로 오프라인에서 진행
되는 프레젠테이션과
온라인 프레젠테이션
모두를 연습하고 평가
받을 수 있는 기회를
제공할 수 있다.

오프라인에서의 경험이 가질 수 있는 즉시성(immediacy)과 물리적 실체감(physical presence)은 학생들의 프레젠테이션이나 연설 등에 대한 평가를 도와주기도 한다. 라이브 프레젠테이션은 (어떤 경우에는 예상하지 못한) 정신 산만한 환경과 환경적 변수들로 가득하다. 이러한 요소들은 학생들이 실제 세계에서 경험할 수 있는 다양한 경험을 의미하는 것이기도 하다. 이러한 라이브 프레젠테이션을 통해 커뮤니케이션과 대중 연설 수업 과정에서 특히나 유용한 실제성(authenticity)을 어느 정도 제공한다. 예를 한 번 살펴보자.

교실 기반 프레젠테이션은 실제와 비슷한 학습 기회 두 가지를 제공할 수 있다.

- 프레젠테이션 하는 학생들은 실제 청중 앞에서 발표한다는 압박감을 받는다.
- 다른 학생들은 청중이 되어 모든 감각을 동원하여 발표하는 학생을 관찰하고 비평한 후 그를 통해 배우게 된다.

대인 간 상호작용

언어를 배우는 과정은 학생들로 하여금 다양하고 때로는 예측 불가능한 시나리오 내에서 모국어 사용자와 대화할 수 있도록 준비하는 데 그 목표를 두기도 한다. 언어가 단순히 문법과 어휘

만을 의미하는 것은 아니다. 언어를 사용하는 사람들은 가장 효과적인 발화를 위해 특정 표현이나 비언어적인 커뮤니케이션 도구를 활용해야 하는 경우도 있다. 대인 간 상호작용 과정으로 구성된 학급 평가를 실제로 진행하게 되면 학생들은 실제 시나리오 내에서 발표를 하는 시험대에 오르게 된다.

하지만 기술 장벽은 낮은 편이다. 동기적 및 비동기적 온라인 비디오 기술이 발전하면서 대인 간 상호작용을 평가하는 것이 누구에게나 실현 가능한 일이 되고 있다. 몇몇 LMS 내에서는 이러한 기능들이 포함되어 있다.

☑ 오프라인 평가는 물리적 실체감, 즉시성, 대인 간 상호작용을 활용한다.

6.3 온라인 평가

오프라인 평가는 엄선된 환경 내에서만 필요하기 때문에 여러 종류의 평가를 온라인으로 옮기는 것에 대해 창의적으로 생각해 볼 수 있다. 온라인 평가 툴의 주요 장점은 다음과 같다.

- 재사용성
- 자동화
- 멀티미디어
- 시공간의 융통성

온라인 툴이 가지는 재사용성과 자동화는 교사들이 다양성, 빈도, 피드백을 더 많이 도모할 수 있도록 도와주기 때문에 특히나 중요하다.

온라인 퀴즈 및 시험

객관식 문제(예: 선다형, 짝짓기, 빈칸 채우기 등)와 주관식 문제(예: 서술형)를 출제하기 위해 온라인 퀴즈 시행 툴을 사용할 수 있다. 온라인 퀴즈 시행의 가치 세 가지는 다음과 같다.

- 객관식 문제들은 컴퓨터가 자동으로 채점할 수 있다.
- 학생들이 적은 답안을 바탕으로 특정 피드백이 자동적으로 제공될 수 있다.
- 학생들 각자가 문제를 개별적으로 선택해서 풀 수 있다.

위와 같은 특성 덕분에 교사들은 퀴즈나 시험을 감독하고 출제하며 채점하는 등 시간이 소요되는 반복 작업으로부터 해방될수 있다. 또한 온라인 퀴즈 툴은 과정 내내 '퀴즈 풀기' 기능을 활용해 연습이나 반복 훈련을 가능하게 해 준다. 이러한 '기억 인출 연습(retrieval practice)'에 대한 연구는 온라인 퀴즈나 시험이 특히 학습활동 바로 다음에 진행될 때 학습을 장려하는 데 효과적인 툴이라고 주장하고 있다.

LMS가 다양한 문제 은행에서 무작위로 퀴즈 문제를 추출하는 방법에 대한 설명을 보려면 해당 웹 사이트를 참고해 보라.

온라인 퀴즈는 어떤 문제 혹은 정답 선택에 대해서도 미리 작성된 피드백을 제공할 수 있다.

- **오답에 대한 피드백**을 통해 직접적으로 해당 정보에 대해 명확하게 설명하거나 학생들에게 학습 자료 중 본인들이 놓친 개념을 설명한 자료를 찾아볼 것을 제시한다.
- **정답에 대한 피드백**을 통해 칭찬 그 이상의 의미가 될 수도 있고 학생이 제출한 정답을 다시 한 번 상기시켜 줄 수도 있다. 다음에 학습할

내용에 대해 설명하거나 현재의 학습 내용과 연계시킬 수도 있다.

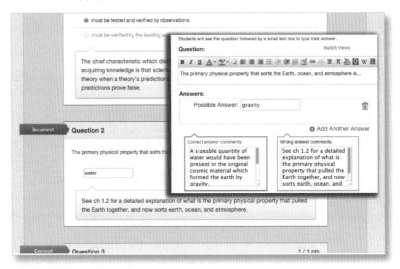

그림 6.1 단답형 퀴즈 문제는 정답에 대해 자세한 피드백을 제공하며, 오답에 대해서는 오답을 수정하기 위한 피드백이 제공된다.

자가 수정 퀴즈(self-correcting quiz)는 다양한 방법을 활용해 학생들이 자동적으로 제공되는 피드백을 받고 학습 자료를 다시 한 번 살펴본 후 퀴즈를 다시 풀 수 있도록 하고 있다. 이를 통해 학생들은 다음 단계로 단순히 넘어가기 전에 학습 자료를 완전히 이해할 수 있다. 또한 부정행위를 유도할 수 있는 고부담 평가(high-stakes assessment)에 대한 압박도 줄이게 된다. 자기평가 활동을 위한 온라인 퀴즈 툴을 활용하는 것에 대한 자세한 사항은 7장을 참고하길 바란다.

☑ 실습을 지원하고 진도에 대한 유연성을 증가시키기 위해 자가 수정 및 자기평가 활동은 과정 내내 활용된다.

☑ 자동으로 제공되는 피드백을 통해 오답에 대한 정정과 함께 정답에 대한 설명이 제공된다.

멀티미디어 퀴즈를 활용한 미식 수화(手話) 교수법

온라인 퀴즈가 교과서 내용에만 한정될 필요는 없다. 유타주립대학의 커트 래드포드(Curt Radford) 교수가 블렌디드 학습으로 진행하는 미식 수화(ASL) 과정에서는 비디오 '에세이' 형식으로 문제가 출제된다.

어떤 문제의 경우는 아예 질문이라기보다는 커트 교수가 녹음한 비디오 영상의 형태를 띠고 있다. 이 영상은 학생들이 ASL에서 통역해야 하는 문장을 커트 교수가 수화로 말한 장면을 녹화한 것이다. 다른 문제 형태는 적혀 있는 문장을 보고 학생들이 퀴즈 인터페이스 내에서 본인들이 통역해야 하는 문장을 수화로 표현한 것을 녹화하는 형식이다. 마지막 유형은 위의 두 가지 형태가 혼합된 문제로, 커트 교수가 대화의 일부를 수화로 진행하고 학생들이 수화로 대답하는 형식이다.

그림 6.2 온라인 퀴즈를 통해 교사와 학생들로 하여금 비디오 영상을 활용할 수 있게 되면서 엄청난 일들이 생겨날 수 있다.

온라인 퀴즈 수행 툴이 시간(날짜 및 시간별)과 공간(특정 컴퓨터 랩의 IP 주소 혹은 시험 감독관의 패스워드)에 가끔 제한적일 수 있기 때문에 퀴즈 문제 출제를 위해 사용되는 문제 은행은 고부담 시험에 맞게 재조정될 수 있다. 학생들에게 해당 시험 문제를 퀴즈 문제와 동일한 풀에서 가져 올지도 모른다고 알려줌으로써 학생들은 퀴즈 형식의 형성평가를 준비해서 진지하게 퀴즈에 임할 수 있다.

'과제물'과 프로젝트

인터넷 덕분에 과제물을 종이로 출력해서 제출하는 대신 온라인상에서 제출하면서 교사들은 여러 가지 문제점을 줄이고 자원을 아낄 수 있게 되었다. 우리는 이제 더 이상 종이와 토너를 이용해서 과제를 프린트할 필요가 없다. 다양한 참가자들(contributors)이 워드 프로세서와 오피스 도구를 활용해 하나의 문서에 대해 코멘트를 달고 편집을 하며 수정 사항을 추적할 수 있게 되었다.

> 학급 내에서 과제를 거두는 대신 온라인으로 제출하게 되면 소중한 면대면 시간을 절약할 수 있다.

온라인으로 과제를 제출하는 것만큼이나 이메일을 통해 첨부 파일을 전송하는 것도 간단히 할 수 있다. 하지만 온라인 툴은 좀 더 나은 체계성과 신뢰도, 목적성을 고려한다. 우선 Google Docs 등의 서비스를 이용하여 문서를 클라우드에서 공유하는 간단한 작업부터 한 번 고려해보자. 다른 사람들이 수정해 줄 수 없는 파일 한 개를 이메일을 통해 전송하는 대신 학생들은 계속 작성 중인 상태에서 수정되고 있는 문서에 접근해서 즉시 코멘트를 달고 수정해준다. 이 방법은 **결과가 아닌 과정으로서의 학습**을 강조하기 위해 사용될 수 있다.

LMS 내에 있는 과제 제출함인 온라인 과제 '드롭 박스'는 평가 방법에 대한 기술뿐만이 아니라 제출 과정에도 중점을 두고 있다. 텍스트나 도표, 비디오를 이용한 설명, 채점기준표나 학생들의 수행 결과에 대한 기대치를 기술한 점수 산정 기준 등을 사용해서 과제에 대한 지시 사항이 빠짐없이 포함되어 있는 평가 방법을 제시해야 한다(그림 6.3).

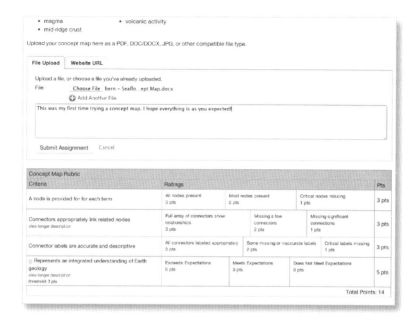

그림 6.3 이 온라인 화면은 한 페이지에 과제 지시 사항, 예시, 채점기준표, 과제 제출 공간을 학생들에게 제공한다.

팁

Google Docs(docs.google.com), Crocodoc(crocodoc.com) 등의 클라우드 기반 서비스를 통해 사용자들은 온라인상에서 문서를 공유하고 다 함께 해당 문서에 대한 주석을 달 수 있다. 또한 클라우드 기반 서비스 덕분에 교사들은 수정 이력을 활용해서 해당 문서가 어떻게 개선되고 있는지도 알 수 있고, 수정 이력을 통해 학생 개개인이 문서 수정에 어느 정도 참여했는지도 추적한다.

 과제의 드롭 박스가 어떻게 활용되는지를 알려주는 비디오 영상을 보려면 해당 웹 사이트를 참조해 보라.

이러한 온라인 툴은 프레젠테이션 슬라이드, 스프레드시트, 음성 녹음분, 영상 녹음분, 웹 사이트 등 다양한 형태의 온라인 프로젝트 과제를 제출할 때 유용하다.

채점기준표 : 온라인에서 효과 증대

채점기준표는 특정 기준을 바탕으로 학생들의 학습을 평가하기 위해 일관된 틀을 제공한다. 점수를 매기는 채점기준표는 일반적으로 행에는 채점 기준이, 열에는 등급 단계(rating level)가 나와 있는 표로 구성되어 있다. 피드백을 좀 더 완벽하게 제공하기 위해서 등급 단계에 대한 설명이 들어가는 경우도 자주 있다.

표 6.1 아래에 나와 있는 토론 채점기준표는 성과나 범주에 따른 등급 및 그에 따른 설명이 나와 있다.

평가 기준	요건 초과	요건 만족	대부분 요건 만족	요건 불만족
토론의 질	학급 토론 시 제시한 의견이 적절하고 잘 구성되었으며 건설적이다.			
	4	3	2	1
정확도	학급 토론 시 제시한 의견이 적절하게 근거가 뒷받침되었고 의미 있는 방법으로 새로운 정보를 적용한다.			
	4	3	2	1
참여도	토론 시간 내에 의견을 제시하고 학우들의 활동에 대해 성의를 다해 반응한다.			
	4	3	2	1

명확하고 직접적인 커뮤니케이션은 블렌디드 과정에서 매우 중요하며, 평가 시 그 역할을 담당하는 것이 바로 채점기준표이다. 한 공간에서 평가에 대한 기술, 채점기준표, 과제 제출이 모두 이루어질 수 있는 온라인 평가 체제를 만들게 되면 학생들은 좀 더 쉽게 과정이 요구하는 기대치를 이해할 수 있게 된다. 더욱 중요한 것은 온라인 평가를 시행하게 되면 학생들이 이러한 기대치에 어떻게 도달할 수 있는지에 대한 피드백이 제공된다는 점이다.

WEB 채점기준표의 예시 등 더 많은 정보를 얻고자 한다면 웹 사이트를 방문해 보 길 바란다.

채점기준표를 종이로 출력해서 평가를 진행할 수도 있지만 온라인 채점기준표를 활용하면 포인트 앤 클릭(point-and-click) 인터페이스를 제공함으로써 좀 더 용이하게 과제를 제출할 수 있다. 작성이 완료된 채점기준표를 보려면 로그인만 하면 되기 때문에 피드백도 더 쉽고 더 빠르게 학생들에게 제공할 수 있다.

☑️기준/채점기준표는 학습자에게 특정 과제에 대해서 어떻게 평가를 진행할 것인지를 명확하게 알려주고, 유용한 피드백을 제공한다.

학생 간 동료 평가

팁 ▶ 지난 학기에 용했던 과제 샘플을 용해서 동료 평가를 습해 볼 수 있는 기 를 학생들에게 제공 것!

동료 평가를 통해 학생들은 교사에게 과중한 부담을 주지 않으면서 본인들의 과제에 대해 더 빠르고 더 종합적인 피드백을 받을 수 있다. 동료 평가 외에도 학생들의 과제를 평가하는 방법이 여러 가지 있어야 한다. 그 중 하나의 방법이 교사들의 평가가 추가되는 것이다.

동료 평가를 시행하게 되면 과제를 작성한 학생과 과제를 평가해 주는 학생 모두의 실력이 향상될 수 있다. 동료의 과제를 평가함으로써 학생들은 성적 산출 프로세스에 대한 비판적인 통찰력을 키울 수 있으며, 이를 통해 과제 수행 능력 향상 여부를 판단할 수 있게 해 주는 학습 성과에 대해 좀 더 이해할 수 있게 된다. 동료가 수행한 과제에서 강점과 약점을 파악하게 되면 본인의 과제에서도 유사한 특성을 인지하기가 수월해지기 때문이다.

팁

오프라인 수업 시간 동안 학생들이 온라인을 통한 동료 평가를 할 수 있도록 유도할 것! 지난 학기의 과제물을 예시로 삼아 교사 본인이 해당 과제를 평가하는 동안 자신이 어떤 프로세스로 사고했는지를 보여줘라. 학생들이 온라인에 재접속하기 전에 질문할 기회를 주어 해당 과정에 대해 명확히 이해할 수 있도록 해야 한다.

온라인에서는 다양한 방법을 활용해 동료 평가를 수행하는 것이 가능하다.

● **LMS 과제 툴**은 동료 평가를 위해서 학생들의 과제 제출분과 관련

채점기준표를 무작위로 다른 학생들에게 자동 재발송한다.

- 교사가 동료 평가를 위해 학생들을 짝 혹은 그룹을 지어주고 채점 기준표를 공유할 때 **이메일**을 활용할 수 있다. 학생들은 이메일로 파일을 교환할 수 있다.
- Google Docs 등의 **클라우드 문서 공유 서비스**는 학생들이 바로 학 우를 초청해서 과제물을 검토하고 해당 과제물을 편집도 할 수 있도록 해 준다.
- **화상회의 툴**을 통해 생중계되는 수행 과제나 시연 등에 대한 동료 평가가 가능해 졌다.
- **토론방(Discussion forums)**은 개방되어 있고 형식에 얽매이지 않 아도 되는 체계화된 공간을 제공해서 학생들로 하여금 각자의 과 제 및 다른 학우의 과제를 검토하도록 유도하여 동료 평가가 시행 될 수 있도록 해 준다.

동료 평가를 시행하기 위해 학생들이 학습 성과 기대치를 확 실하게 이해할 수 있도록 교사들은 채점기준표나 기준을 제공해 야 한다. 이러한 방식은 교사들 본인이 학생들의 과제를 평가하 기 위해 사용하는 방법과 동일할 수 있다.

예시 : 에세이 #1 동료 평가

여러분이 에세이를 제출하고 (제출일이 지나고) 난 후, 여러분 학우 중 한 명의 에세이를 찾아 검토하기 위해 온라인 과제 사이트에 다시 접속하라. 제공받은 채점기준표를 바탕으로 여러분 자신이 받고 싶은 피드백처럼 건설적이고 힘을 북돋아줄 수 있는 피드백을 해 주길 바란다.

6.4 학문적 정직을 온라인에서 지원

온라인 과정에 대해 흔히 나오는 불만은 평가가 어디서든 시행될 수 있는 경우 어떻게 학생들이 부정행위를 저지르지 않았다는 것을 알 수 있느냐는 것이다. 온라인 평가가 진행되는 동안 학생들의 행동을 제한하거나 감시하기 위해 사용 가능한 기술들이 많지만, 이 책에서는 학습 설계 자체가 학문적 정직(academic honesty)을 권장할 수 있는 방법을 먼저 찾는 것을 권장하는 바이다.

온라인으로 제출된 과제물에 대해 자동적으로 '독창성'을 체크할 수 있는 시스템을 이용해 보라. 학생들(교사들)에게 제출 과제의 상당 부분이 이전에 발표된 적이 있는 논문의 내용인지 여부를 알려 주는 보고서를 제공하는 온라인 서비스는 여러 개 있다. 이 기술은 단순히 처벌을 위한 메커니즘이라기보다 학생들로 하여금 때로는 표절이라는 파국으로 치닫는 길에 대해 알 수 있도록 해 주는 데 사용될 수 있다.

 학생들이 표절을 이해하는 것을 도와주는 도구나 사이트 목록을 찾아보려면 웹 사이트를 참조해 보라.

☑ 다양한 출처의 피드백을 통해 학습 내용이 바로 잡히고 분명해지며 더 자세히 서술되고 범위가 확장된다.

☑ 동료 비평 및 평가를 위한 기준 및 절차가 명확하다.

협업 기여 정도를 검토하라. 위키와 클라우드 기반 워드프로세서(134 페이지 참조) 등의 온라인 툴은 학생들과 교사 모두에게 누가 언제 어떠한 형태로 해당 과제에 기여했는지 쉽게 알아볼 수 있도록 해 준다. 각 과제마다 수정 이력을 살펴봄으로써 본인이 얼마나 기여했는지에 대해 측정할 것을 권장하라. 교사들 역시 학생들에게 수정 이력을 통해 본인들의 기여도에 대한 내용을 제출할 것을 요구할 수도 있다.

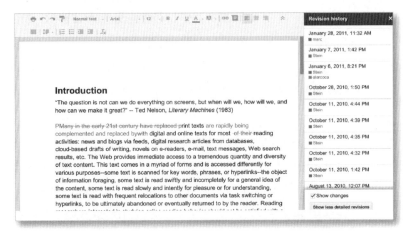

그림 6.4 Google Docs 등의 온라인 협업 문서 툴은 과제 수정에 참여한 부분을 표시해 주는 수정 이력을 제공한다.

단계마다 계속해서 평가하라. 예를 들어 평가를 시행하기 위해 학생들에게 프로젝트의 매 단계마다 과제를 제출하게끔 하고, 이전의 과제를 바탕으로 다음 단계가 진행됨을 확인하라. 학기 내내 초안 및 초기 버전의 프로젝트를 주기적으로 제출 받아 검토할 수 있다. 이는 부정행위를 하지 못하도록 만들 뿐 아니라 형성적 피드백(formative feedback)을 받을 수 있는 가능성을 높여준다.

형성평가의 기능을 좀 더 강화함으로써 **온라인 퀴즈의 비율을 줄여 보자.** 학생들에게 퀴즈를 1회 이상 칠 수 있도록 허용하라. 왜냐하면 이것이 바로 LMS의 표준 특징이기 때문이다.

LMS를 통해 문제 및 객관식 보기의 순서를 무작위로 출제함으로써 부정행위를 할 수 없는 난이도로 **온라인 퀴즈를 어렵게 만들어라.**

학기 동안 평가의 빈도와 다양성을 높여서 부정행위에 들이는 심리적·물리적 노력이 헛되도록 하라.

손발만 고생하는 작업에 학생들이 시간을 낭비하지 않도록 하라. 평균 학습 시간에 맞추어 과정들을 설계한다. 학생들에게 너무 많은 과제 특히 '바쁘기만 하고 실속은 없는 과제(학습 성과와 직접적으로 연관되지도 학습에 효율적이지도 않음)'를 떠넘기면 좀 더 의미 있는 평가를 받기 위해 준비하는 시간이 줄어들게 된다. 이렇게 시간이 부족하게 된 학생들은 부정행위를 저지를지도 모른다.

의미 있는 학습을 만들고 본질적인 학습 동기가 생기게 하라. 학습 동기를 부여 받은 학생들은 학습이 본인들의 삶에 끼칠 수 있는 영향력에 대해 이해할 것이며, 평가가 직접적으로 의미 있는 학습과 결부되어 있다는 사실도 이해할 것이다. 이러한 학생들은 배우고 성장할 수 있는 기회를 허비할 가능성이 적을 것이다.

블렌디드 과정에서는 주도적으로 과정을 진행하고 양심적으로 과정을 설계해서 표절을 하지 않도록 하는 것이 중요하다. 또한 교사들이 표절이나 부정행위, 저작권이 있는 자료를 제대로 인용하지 못한 데 대한 결과를 명확하게 명시하는 것도 중요하다.

☑️ 표절이나 부정행위, 저작권이 있는 자료를 제대로 인용하지 못한 데 대한 결과가 명확하게 명시되어 있다.

e - 포트폴리오

온라인 포트폴리오, 즉 e-포트폴리오는 학습 과정을 가시화할 수 있는 방법 중 하나다. e-포트폴리오는 학생 과제를 수집하고 정리한 후 교사 관리자, 가족, 고용주, 입학 예정인 대학원 등 학생이 선택한 사람이면 누구나 공유할 수 있도록 해 준다.

e-포트폴리오는 학습의 범위 및 깊이 모두를 표현할 수 있기 때문에 평가 시 유용하다. 또한 e-포트폴리오를 제작하는 것만으로도 학습의 주요 요소인 반성(reflection) 및 수정을 통해 학습의 질을 향상시킬 수 있다.

블렌디드 과정 중 e-포트폴리오는 교육기관 자체의 e-포트폴리오 툴을 통해 제작 및 수집될 수도 있다. 하지만 학생들이 과제를 기획하고 공유할 수 있도록 하는 특정한 형태의 e-포트폴리오 툴이 꼭 필요한 것은 아니다. 실제로 e-포트폴리오가 학생들의 과제 자체를 의미한다면 e-포트폴리오는 의도적으로 학생들이 소유하고 관리해야 한다. 즉, e-포트폴리오라는 공간이 교육기관의 통제 밖에 놓여 있어야 한다는 의미다. 이를 위해서 요즘은 학생들 본인의 웹 사이트를 제작하는 것이 쉬운 방법이 될 수 있으며, 블로그에 기록하는 플랫폼이 학생들의 과제를 보여주기에 효율적인 공간이라는 사실이 알려지기도 했다.

 e-포트폴리오에 대해서 더 많은 자료를 찾으려면 웹 사이트를 참조해 보라.

실습으로서의 e-포트폴리오

e-포트폴리오가 제출 과제를 보여주는 역할을 하면서 교사들이 자칫 e-포트폴리오의 효과를 한 가지 사건, 즉 평가에만 국한시킨다면 기회를 놓치게 될 수 있다. 역할을 제한하는 대신 실습 활동의 한 부분으로 e-포트폴리오를 생각해보자. 이력서가 시간이 지나면서 계속 수정이 되고 업데이트가 되어야 하는 것처럼, 학생(실습생)이 배우고 발전하면서 e-포트폴리오도 성장하고 발전해야 한다. e-포트폴리오가 학생에 의한, 학생을 위한 것이라는 사실을 인지하는 것이 교육기관의 범위 내에서 뿐 아니라 그 범위를 한 단계 뛰어 넘어 평생교육을 도모하는 데 중요할 수 있다.

채점기준표를 기반으로 하여 해당 채점기준표의 구성 요소인 학습 성과를 통해 학생 개개인의 과제를 넓은 범위에서 확인하고 적절하게 판단할 수 있어야 한다는 사실을 이해함으로써 e-포트폴리오가 평가되어야 한다.

☑ 과정에는 현재 진행 중인 평가 및 자주 진행되는 평가가 포함된다.

☑ 성적에 반영되는 과제에 대한 분량 및 제출일은 합리적이다.

6.5 온라인에서 입증

e-포트폴리오는 학습자인 학생들의 전체적 관점을 제공하기 위한 수단으로 온라인 공간 내에서 다양한 과제들을 의도적으로 연결하는 역할을 한다. 요즘은 웹 사이트를 개설하는 일이 쉽기 때문에 e-포트폴리오 내에서 단순히 학생 과제를 공유하는 일은 사소한 일상이다. 하지만 이렇게 한 방향으로만 웹 사이트에 과제를 단순히 제출하는 것에서 벗어나 학생들이 자신의 온라인 네트워크를 발전하는 데 도움을 줄 수 있는 좀 더 사회적인 공유 플랫폼을 생각해보자. 예를 들면, 블로그는 각 개인이 공개된 웹에 올라와 있는 어떠한 디지털 문서라도 쉽게 만들고 공유하고 논의하며 수정해서 전 세계가 볼 수 있도록 해 주는 온라인 공간을 제공한다(8장).

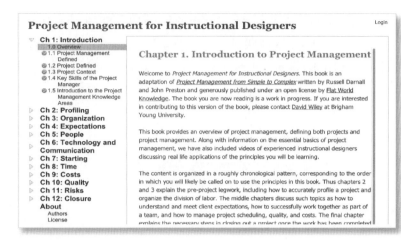

Chapter 1. Introduction to Project Management

Welcome to *Project Management for Instructional Designers*. This book is an adaptation of *Project Management from Simple to Complex* written by Russell Darnall and John Preston and generously published under an open license by Flat World Knowledge. The book you are now reading is a work in progress. If you are interested in contributing to this version of the book, please contact David Wiley at Brigham Young University.

This book provides an overview of project management, defining both projects and project management. Along with information on the essential basics of project management, we have also included videos of experienced instructional designers discussing real life applications of the principles you will be learning.

The content is organized in a roughly chronological pattern, corresponding to the order in which you will likely be called on to use the principles in this book. Thus chapters 2 and 3 explain the pre-project legwork, including how to accurately profile a project and organize the division of labor. The middle chapters discuss such topics as how to understand and meet client expectations, how to successfully work together as part of a team, and how to manage project scheduling, quality, and costs. The final chapter explains the necessary steps in closing out a project once the work has been completed

그림 6.5 데이비드 윌리의 프로젝트 관리 과정에 참가한 학생들은 과정 프로젝트의 일환으로 책 한 권을 합작으로 만들었다. 이 책은 공개적으로 라이선스를 받았고 온라인에서 출간되었다.

모든 사람을 대상으로 하거나 목표 전체를 달성하기 위한 것이 아니라도 개방된 웹상에서 배우고 공유하는 작업을 통해 가치 있는 학습 성과를 낼 수 있다.

- 개방된 웹에서 활동하는 학생에 대한 가시성 및 본인 과제에 대한 접근성 증가
- 학생들의 디지털 정체성을 주도적이고 긍정적인 방법으로 개발
- 활발한 실습, 다양한 피드백, 게재(publishing)라는 긍정적 압력에 기반을 둔 학습 개선
- 사회적 집단의 보상 및 주목을 통해 학습 및 공유에 참여하려는 동기부여 강화

개방된 웹상에서 학생들이 실제 세계에 존재하는 네트워크에 참여하는 것이 여러분이 구상하는 과정의 학습 목표에 중요하다고 판단된다면, 블렌디드 과정은 학생들이 위와 같은 방식으로 공유할 수 있도록 도와주는 완벽한 기회를 제공하게 될 것이다.

6.6 명확한 설명을 통한 기대치 설정

학생들은 평가 및 그에 따른 학습 성과의 조정에 대해 이해한 내용을 바탕으로 본인들의 성적에 대해 예상하고 싶을 것이다. 교사들은 평가와 학습 성과 간 관계를 명확하게 기술함으로써 학생들이 해당 과정의 목표를 향해 나아가면서 본인들의 학습 진행 상황을 살펴볼 수 있도록 도와주어야 한다.

교사들은 평가 완료를 위해 간단명료하지만 빠진 내용 없이 설명해야 한다. 교사가 제공한 설명을 이해하는 데 학생들이 실제 학습에 소비하는 시간보다 짧은 시간을 할애한다는 사실을 명심하라. 따라서 간단하고 명확하며 논리적으로 설명해 주어야 한다.

학생이 얼마나 기술을 잘 활용하는지가 아닌 학습 자체를 평가하라

평가 방법은 기술을 활용하는 스킬이 아닌 학습 성과 기대치를 측정해야 한다. 예를 들면, 어떤 학생은 훌륭한 발표를 했지만 프레젠테이션을 녹화하기 위해 온라인 기술을 사용하는 것에는 어려움을 느낄 수 있다. 따라서 블렌디드 과정에는 다음과 같은 요소가 포함되어야 한다.

● 강의계획서에 필요한 기술 스킬 전부를 나열해서 학생들로 하여금 어떠한 능력이 요구되는지를 이해할 수 있도록 한다.
● 향후 출제할 과제와 유사한 유형의 단순하면서도 성적에 반영되지 않는 실습 과제를 제공함으로써 학생들이 기술 스킬을 먼저 연습하도록 한다.

가능하다면 평가의 방식을 설명해 주는 예시를 몇 개 먼저 제시한 후에 평가를 진행해야 한다. 성취도가 높든 낮든 간에 이전 과정에서 제출된 학생 예시들을 통해 학생들은 기대치라는 정신적 모델을 만들 수 있다. 또한 교사들은 평가 활동을 진행하면서 본인들의 전문가 사고 프로세스(expert thought process)를 설명

해주는 예제를 제공할 수도 있다. 예제에 대해 좀 더 자세하게 사항을 알고 싶다면 7장을 참조하라.

마지막으로, 블렌디드 과정 중에 있는 학생들은 적어도 두 가지 공간(온라인과 오프라인)에서 진행되는 활동을 기대하기 때문에 어떠한 혼란스러운 상황도 발생하지 않도록 성적에 반영되는 과제나 평가를 제출하는 방식이 완전히 명확해야 한다. 몇몇 평가 및 활동들이 온라인상에서 진행되는 경우, 블렌디드 과정은 해당 과정 웹 사이트를 사용하는 방법에 대한 지침서나 도움말 문서를 학생들이 볼 수 있도록 해야 한다.

- ☑ 설명과 요구 사항은 간단명료하고 논리적으로 제시된다.
- ☑ 학습 성과와 평가 간 관계가 분명하다.
- ☑ 과제에 대해 명확한 기대치 및 기준이 학생들에게 제시된다. 필요한 경우 설명을 위해 예시가 포함되어 있다.
- ☑ 성적에 반영되는 과제의 제출 방식이 명확하다.

6.7 온라인 학점 산출

팁 활동을 평가하는 것과 결과를 평가하는 것을 혼동하지 말 것!

학생들의 과제를 평가하기 위해서는 여러 다른 온라인 툴셋에서 다른 툴들이 제공될 것이다. 과제를 평가하고 채점하는 데 상당히 많은 시간이 소요되기 때문에 여러분이 어떤 옵션을 사용할 수 있는지 철저하게 조사한 후 학생들에게 피드백을 제공해 줄 때 가장 신속하고 효율적인 방법을 찾을 것을 권장한다. 동료와 캠퍼스 내 기술자들에게 방법과 팁에 대해 물어보라.

6장에서는 퀴즈의 객관식 문제에 대한 자동 평가 방식에서부터 과제물과 프로젝트를 채점기준표를 기준으로 교사와 동료가 평가하는 방식에 이르기까지 온라인 피드백을 활용하는 방법을 여러 가지 알아보았다. 어떠한 방식으로 피드백을 제공하든지 간에 학점 구성 요소와 최종 학점 간 관계에 대해 학생들이 명확히 알 수 있도록 교사들이 평가 점수를 저장할 공간이 필요할 것이다. 학점 산출 방식은 강의계획서에 나와 있을 수도 있고 온라인 성적기록부를 통해 간단하게 제시될 수도 있다. 온라인 성적기록부는 LMS에서 가장 자주 활용되는 기능 중 하나로, 보통 LMS 내 관리 영역에 위치하고 있다.

온라인 성적기록부가 업데이트되는 방법은 다음과 같다.

● 수동, 점수를 성적기록부 칸에 입력
● 자동, 온라인 퀴즈의 객관식 문제에 해당
● 반자동, 온라인 채점기준표에 점수를 기록
● 스프레드시트 업로드, 오프라인에서 점수를 기록한 경우

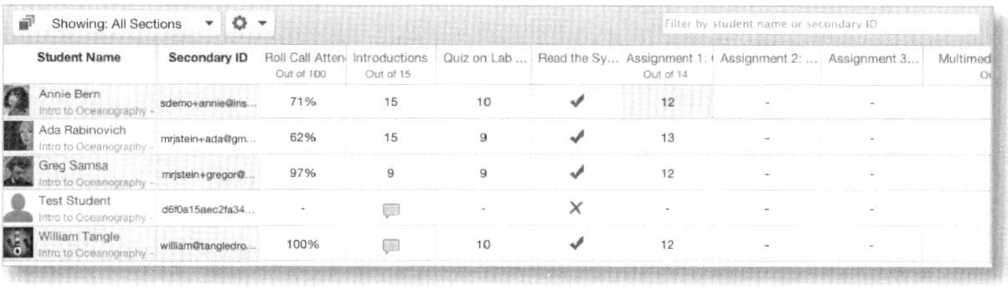

그림 6.6 다양한 평가 요소에 따른 점수가 기록된 간단한 온라인 성적기록부

온라인 성적기록부의 가장 중요한 특징 중 하나는 가중치를 두거나 학생 맞춤형 최종 백분율 혹은 산출 성적을 계산하는 기능이 있다는 점이다(블렌디드 과정에서의 학점 산출 방식에 대한 논의는 9장 참조). 어떤 성적기록부는 평가 요소별 점수 중 가장 낮은 점수를 제외시킬 수도 있다.

온라인 성적기록부가 자체적으로 학생들이 요구할 때마다 신뢰할 수 있는 최신 계산 결과를 제공함으로써 학생들의 학습 수

행 결과에 영향을 끼칠 수 있다. 물론 이 계산 작업은 학생 과제 채점 시 교사 반응과 본인의 성적을 체크하는 학생 상황에 따라 달라질 수 있다. 또한 어떤 LMS는 좀 더 신속하게 피드백 및 공지사항을 제공하기 위한 수단의 일환으로 이메일이나 소셜미디어를 통해 학생들에게 자동 경고 메시지를 보내는데, 이를 통해 위와 같은 한계점을 줄이고 좀 더 많은 참여를 유도할 수도 있다.

☑ 학점 구성 요소와 최종 학점 간 관계가 명확하다.

☑ 학생들은 본인의 학습 진행 상황을 쉽게 추적할 수 있다.

6.8 요약 및 기준

수업 및 학습활동의 효율성 결정 시 평가는 중요하다. 형성평가는 학생들에게 본인들의 학습 진행 상황을 알려주고 학습을 개선하는 데 중요한 피드백을 풍부하게 제공한다. 블렌디드 과정은 학습 정도를 평가하기 위해 가장 광범위한 툴셋을 제공한다. 면대면 평가의 가치를 희생할 필요도, 학기 중 다양한 형태의 평가를 자주 제공할 수 있는 수많은 온라인 평가 툴을 어쩔 수 없이 이용할 필요도 없다(표 6.2).

학습에 대한 증거로써 디지털 과제를 제작한 학생들은 e-포트폴리오를 통해 쉽게 이 과제들을 수거해서 보여주거나 블로그나 개인 웹 사이트 등 본인의 디지털 공간에 있는 개방된 웹에서 과제를 공유할 수 있다. 개방된 공간에서 과제를 공유하는 일은 학급 내 평가를 실제 세계와 연결하는 한 방법이다.

표 6.2 오프라인 평가 혹은 온라인 평가의 장점

평가 유형	오프라인의 장점	온라인의 장점
퀴즈 및 시험	부정행위 관리의 편이성	학생 개개인의 문제 선택 자동 채점 자동 피드백 여러 차례 응시
라이브 프레젠테이션 및 신체 활동의 시연	여러 감각을 활용 낮은 기술 장벽	공간의 유연성
과제 및 프로젝트	사람 간의 관계로부터 나올 수 있는 동료 비평(peer review)	디지털상에서 과제 수거 온라인 채점기준표 동료 비평 관리 성적기록부 통합
e-포트폴리오	신체적 활동을 감안 여러 감각을 활용	휴대성 공유 능력 온라인 공간에 게재

☐ 평가를 통해 학습자들이 도달해야 하는 학습 성과를 어느 정도에서 얻을 수 있을지 결정된다.

☐ 성적에 반영되는 과제는 다양하다(예 : 특별 프로젝트, 반성적 과제, 연구 논문, 사례 연구, 프레젠테이션, 공동 작업 등).

☐ 교사의 피드백은 적절한 방식으로 제공된다.

☐ 학생들은 교사로부터 피드백을 받는 시기와 방법에 대해 알고 있다.

☐ 교사의 피드백 등 새로운 정보를 얻은 후에는 해당 정보를 적용할 수 있는 기회가 학생들에게 주어진다.

☐ 오프라인 평가는 물리적 실체감, 즉시성, 대인 간 상호작용을 활용한다.

☐ 실습을 지원하고 진도에 대한 유연성을 증가시키기 위해 자가 수정 및 자기평가 활동은 과정 내내 활용된다.

☐ 자동으로 제공되는 피드백을 통해 오답에 대한 정정과 함께 정답에 대한 설명이 제공된다.

☐ 기준/채점기준표는 학습자에게 특정 과제에 대해서 어떻게 평가를 진행할 것인지를 명확하게 알려주고, 유용한 피드백을 제공한다.

☐ 다양한 출처의 피드백을 통해 학습 내용이 바로 잡히고 분명해지며 더 자세히 서술되고 범위가 확장된다.

☐ 동료 비평 및 평가를 위한 기준 및 절차가 명확하다.

☐ 과정에는 현재 진행 중인 평가 및 자주 진행되는 평가가 포함된다.

☐ 성적에 반영되는 과제에 대한 분량 및 제출일은 합리적이다.

☐ 설명과 요구 사항은 간단명료하고 논리적으로 제시된다.

☐ 학습 성과와 평가 간 관계가 분명하다.

☐ 과제에 대해 명확한 기대치 및 기준이 학생들에게 제시된다. 필요한 경우 설명을 위해 예시가 포함되어 있다.

☐ 성적에 반영되는 과제의 제출 방식이 명확하다.

☐ 학점 구성 요소와 최종 학점 간 관계가 명확하다.

☐ 학생들은 본인의 학습 진행 상황을 쉽게 추적할 수 있다.

참고 자료

Amado, M., Ashton, K., Ashton, S., et al. (2011). Project management for instructional designers. Retrieved from http://idpm.us.

Hail, H., & Davison, B. (2007). Social software as support in hybrid learning environments: The value of the blog as a tool for reflective learning and peer support. *Library and Information Science Research*, 29, 163-187.

Hounsell, D. (2003). Student feedback, learning and development. In M. Slowey & D. Watson (Eds.), *Higher education and the lifecourse* (pp. 67-78). Berkshire, UK: Open University Press.

Karpicke, J. D., & Roediger, H. L. (2008). The critical importance of retrieval for learning. *Science*, 319(5865), 966-968.

Lemley, D., Sudweeks, R., Howell, S., et al. (2007). The effects of immediate and delayed feedback on distance learners. *Quarterly Review of Distance Education*, 8(801), 251-260.

Radford, C., & Legler, N. (2012). Exploring the efficacy of online ASL. Conference presentation. InstructureCon 2012, Park City, Utah. Retrieved from http://vimeo.com/45325373.

Sadler, P. M., & Good, E. (2006). The impact of self- and peer-grading on student learning. *Science Education*, 11(1), 1-31.

Shea, P. (2007). Towards a conceptual framework for learning in blended environments. In A. G. Picciano & C. D. Dziuban (Eds.), *Blended learning: Research perspectives* (pp. 19-35). Needham, MA: The Sloan Consortium.

Wiggins, G. (1998). *Educative assessment: Designing assessments to inform and improve student performance*. Hoboken, NJ: Jossey-Bass.

7장 내용 중심의 학습활동 블렌딩

한 과정을 블렌디드 학습으로 설계할 때 중요한 요소는 온라인 수업과 오프라인 수업 각각의 장점을 이용하고 단점을 보완하기 위해 두 가지 형태의 수업을 어떤 비율로 선택하느냐이다. 따라서 전통적인 면대면 학급 내에서 시행되는 모든 활동에 대해 재고해 보는 것이 변형된 블렌디드 과정을 설계하는 데 중요하다.

학습 정도를 측정하고 학생들의 수행 결과에 대해 피드백을 제공하기 위해 다양한 형태의 평가가 시행되고 있지만, 학습활동 중 평가 대상이 아닌 경우도 있을 수 있다. **수용적인**(receptive) 활동이 많은 경우를 차지하며, 독서, 시연 관람, 청강 등이 그 예이다. 그 외의 활동들은 정보를 보강하고 실습할 기회를 제공해 주는 활동들과 지식원을 연계한다. 빈번하게 시행되는 다양한 학습활동을 통해 학습자들은 전문 지식 습득에 필요한 정신적 모델, 즉 **도식**(schemata)을 발전시키게 된다.

7.1 효율성과 목적을 고려한 활동 설계

어떠한 과정이라도 학습 시간은 제한적이기 때문에 학습자들이 가장 효율적이고 흥미로운 학습활동에 초점을 맞출 수 있도록 해야 한다. 이러한 학습활동들은 학습자 스스로가 해당 과정의 학습 성과를 증명할 수 있는 평가에 직접 대비하는 과정이다.

학습활동들은 특정한 학습 성과에 도달할 수 있도록 지속적으로 학생들을 이끌어 학습 과정에 따라 평가를 수행할 수 있도록 해야 한다. 역방향 설계에서는 학습활동이 학습 성과에 맞춰 적절히 조절된 평가에 기반을 두고 있다. 조절 여부가 확인된 후에 어디에서 해당 활동들이 시행되어야 하는지에 대해 더 나은 결정을 할 수 있게 된다.

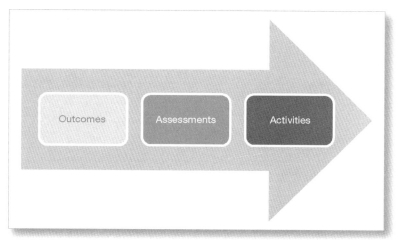

그림 7.1 역방향 설계에서는 활동이 평가, 그 후 학습 성과까지 이어진다.

■ 생각해 볼 문제

당신이 예전에 배웠던 복잡한 스킬이나 숙달 후 실제로 활용했던 개념에 대해 회상해보라. 본인에게 능숙하고 정말 자부심을 느끼고 있는 스킬이나 개념을 선택하라. 당신은 해당 스킬 혹은 개념을 어떻게 배웠나?

스킬의 경우,
- 어떤 시점에서 스스로 시도해 보았나?
- 해당 스킬을 처음 시도했던 상황은 얼마나 실제 상황 혹은 현실과 비슷했나?
- 첫 번째 시도에서 스킬을 잘 수행했는지 여부를 어떻게 결정했나? 해당 스킬을 재시도할 수 있게 해 주고 개선하는 데 피드백은 어느 정도 중요했나?

지식의 경우,
- 해당 지식을 이해할 필요가 있다고 처음 인지하게 된 계기는?
- 어떻게 해당 지식을 배우기 시작했나? 전문가에게 물어보고? 책을 찾아보고?

웹을 검색해서?

● 늘기 시작한 지식을 어떻게 테스트했나? 해당 지식을 동료와 함께 사회 현상에 적용하거나 프로젝트에 적용하려고 시도해 본 적이 있나?

● 어떤 부분에서 이해력이 부족한지를 알아내는 데 어떤 피드백이 도움이 되었나? 더 배우기 위해 어떤 방향으로 나아가야 하는지를 어떻게 알았나?

위와 같이 생각해 볼 문제들은 학습경험에 있어 어떤 부분이 개인적으로 효과가 있고 혹은 효과가 없는지 이해하는 데 도움을 줄 수 있어야 한다. 두 명의 학습자를 비교해 봤을 때 완전히 똑같을 순 없다. 따라서 얼마나 빨리 어떤 것을 학습하느냐의 여부는 대부분 배경지식의 차이에서 비롯된다.

 학습 자료 및 활동 등은 학습 성과가 잘 나오도록 지원한다.

오프라인 혹은 온라인?

해야 할 일

7장을 다 읽고 나면, 학생들이 성공적으로 평가를 수행하고 과정 목표 및 성과에 도달할 수 있게 하는 활동들에 대해 계획을 짜고 기록할 공간으로 과정 설계 지도(4장 및 5장 참조)를 계속 활용해 보라.

아래에 나와 있는 학습활동 각각에 대해 생각해 보고 블렌디드 과정 설계 시 가장 기본적인 질문인 '이 수업이 오프라인 수업과 온라인 수업 중 어디에 더 적합한가?'를 자신에게 한 번 물어보라.

표 7.1 오프라인 혹은 온라인

학습활동	오프라인?	온라인?
강의에 출석	☐	☐
직접 해 보는 실습	☐	☐
과제 및 프로젝트	☐	☐
그룹 형태로 주제 토의	☐	☐

위 활동 대부분은 온라인과 오프라인 둘 다에서 시행할 수 있지만 각각 그에 따른 장점과 단점이 다를 수 있다. 예를 들어, 어떤 사람은 강의가 온라인에서 시행하는 것이 자연스럽다고 말한다. 왜냐하면 결국에는 교사의 시간을 절약해줄 수 있을 뿐 아니라 학생들은 강의를 들을 준비가 완전히 되었을 때 본인들의 시간에 맞춰 강의를 들을 수 있고 필요한 경우 복습도 가능하게 함으로써 유연성을 제공해 줄 수 있기 때문이다. 하지만 반대로 어떤 사람은 훌륭한 강의라면 면대면으로 진행되어야 한다고 주장할 수도 있다. 왜냐하면 면대면 강의 속에는 교사와 학생간 상호작용이 포함되어 있기 때문이다. 이러한 상호작용은 얼굴 표정이나 제스처의 형태로 비언어적일 수도 있다. 또 교사 - 학생 간 상호작용에 따라 해당 교사는 강의 설명 자료(fly)에 나와 있는 강의 내용을 변경할 수 있고, 심지어 유용한 우회적 내용이나 아예 다른 주제를 포함시키기 위해 강의 전체를 바꿀 수도 있다.

새로운 정보만 있다고 다 해결되는 경우는 거의 없다. 학습자들 역시 새로운 정보를 적용해 볼 기회가 자주 있어야 한다. 블렌디드 과정은 온라인 혹은 오프라인에서 학습활동이 어떻게 배치되는지에 따라 엄청나게 다양해진다. 학습 성과를 잘 내기 위한 학습활동 중 가장 효율적이고 효과적인 설계를 선택하기 때문에 교사들은 수업 시수를 보장 받으면서도 다양성을 높여 줄 기회를 잡게 된다.

7장에서는 **내용 중심의 학습활동**, 즉 학생들이 배우고 공부해야 할 새로운 정보나 소재에 주로 기반을 두고 있는 활동에 대해 면밀하게 살펴볼 것이다. 그리고 8장으로 넘어가면 **집단 중심의 학습활동**, 즉 학습자들로 구성된 집단 내 상호작용을 통해 일어나는 사회 학습의 종류에 초점을 두는 활동을 집중적으로 다룰 것이다. 이 두 가지 종류의 학습활동들은 학생 참여를 유도하며, 한 형태의 약점을 만회하는 동시에 다른 학습활동의 장점을 부각시키기 위해 두 가지 형태를 결합하여 사용할 수도 있다.

☑ 학습활동들은 자주 시행되며 다양하다.

☑ 활동들을 통해 과정의 내용 및 개인 간 커뮤니케이션과 관련된 상호작용이 활발하게 진행된다.

7.2 상호작용을 하는 강의, 프레젠테이션, 시연

강의에 대한 좋지 않은 편견이 있다. 강의의 핵심 기능은 학습자인 청중에게 지식을 전달하는 것이다. 그렇다 보니 이 과정이 너무 수동적이어서 활동이라고 보기가 어렵다는 것이다. 정보 전달이 가장 중요한 교수 활동이긴 하지만 디지털 텍스트, 이미지, 비디오 등의 수단을 통해 좀 더 효율적으로, 종종 좀 더 효과적으로 정보가 전달되면서 전통적인 오프라인 강의는 구식이 되고 있다.

좀 더 나은 강의가 되려면 아래와 같이 학생들의 **활동적인** 경험이 포함되어야 한다.

● 해당 주제에 대한 본인들의 생각에 대해 이의를 제기
● 활동의 내용에 대해 교사 및 학급 구성원들의 흥미 야기
● 새로운 정보를 즉각적으로 적용

존 메디나(John Medina)의 10분 강의

존 메디나 박사는 수많은 교수상을 수상한 발달 분자 생물학자다. 그가 운영하는 대학 과정에서 학생 학습을 개선하고 학습 참여를 유지하게 해 주는 강의

포맷에 대해 저서인 『Brain Rules』에서 설명하고 있다.

- 각 강의 세그먼트 당 **10분**을 할애, 더 이상은 안 됨.
- 세부 내용을 학습하기 전에 의미부터 제시. 각 세그먼트를 소개하는 데 1분 정도 요지를 설명.
- 각 세그먼트마다 학습자들의 '현재 위치'를 상기시키고 현재 진행 중인 세그먼트가 나머지 수업과 어떻게 연관되는지 설명.
- 각 세그먼트의 말미에서 학습자들을 '미끼로 유혹'해서 다음 10분을 할애할 수 있도록 할 것! 학생들의 관심을 끌기 위해서 감정과 관련성을 활용하라.

이러한 요소들을 포함하면 **상호적인** 강의가 되며, 온라인과 오프라인 모두에서 상기 요소들이 실행될 수 있다. 상호적인 강의는 해당 과정의 내용인 새로운 정보를 전달하는 과정과 그 정보를 적용하는 활동이 결합된 형태다.

효과적인 정보 전달

강의나 프레젠테이션이 개선될 수 있는 방법들은 다음과 같다.

학생들은 당의 말을 듣거나 스크린 속 글을 읽을 수는 있지만 이 두 가지 일을 동시에 하지는 못한다. 강의나 이야기를 할 때 텍스트(예: 강의 주제에 대한 구체적 개요)를 보여 주는 일은 피하라. 왜냐하면 주의를 분산시키거나 외적 인지부하를 야기하기 때문이다.

- 기억 내에서 좀 더 처리 가능하도록 **정보 단위를** 점진적으로 크기가 커지는 덩어리로 **쪼개어라.**
- 단순히 답을 말해 주는 것이 아닌 **질문에** 강의의 초점을 두라.
- **사례 연구, 이야기 혹은 일화를** 활용하여 실제 세계와의 관련성을 보여줘라.
- **감정이나 갈등 등 인간적인 요소를** 포함시켜 청중의 관심을 끌어라.
- **애니메이션 혹은 비디오를** 활용해서 복잡한 생각 및 관계를 표현하라.
- 학습자들로 하여금 자가 테스트나 동료 수업, 학급 토의 활동을 통해 **새로운 정보는 즉시 적용**해 보도록 하라.
- 문제나 과업을 수행할 때 **사고 발화법**(thinking aloud)을 통해 전문가들의 행동이나 전략을 본보기로 삼아라.

Q & A 비디오를 통한 학생들의 오해 수정

연구에 따르면 기존의 정보가 틀린 경우에도 **학생들은 본인들이 이미 이해하고 있는 내용을 지지하면서 새로운 받아들이는 정보를 무시하려는 경향**이 있다고 한다. 데렉 물러는 비디오를 통해 우선 한 가지 이상의 흔히 발생하는 오해에 대해서 우선 설명한 후, 주제를 소개하는 방식을 권장한다. 오해한 부분에 대해 주의를 집중하는 일은 학생들이 정확한 정보를 제공받을 때 잘못된 정신적 모델을 조절할 수 있도록 도와줄 것이다.

그림 7.2 데렉 물러의 베리타시움 채널 비디오는 두 부분으로 나뉜다. 첫 번째 비디오은 학생들로 하여금 어떤 일이 발생할지 예측하도록 유도한다.
(www.youtube.com/user/1veritasium)

그림 7.3 두 번째 비디오에서는 설명이 제공되며 온라인 혹은 현장 활동 전이나 이후에 시청할 수 있다.

상호적 온라인 강의

상호적 온라인 강의는 무엇인가?

교사이자 강사, 게스트로 초대된 전문가의 강의는 마이크나 웹캠을 이용해서 디지털 방식으로 녹화된다. 녹화된 매체는 과정의 웹 서버에 업로드된다. 학생들은 본인들의 일정에 맞추어 최대한 집중할 수 있을 때 해당 강의에 접속하고 시청하며 복습도 한다.

적용 활동이 수반될 때에 강의는 상호적이 된다. 또한 학생들로 하여금 본인들이 하고 있는 생각에 대해 질문을 던지고 이해한 내용에 문제가 있는지 확인하는 활동 후에 강의가 진행될 수도 있다(8장의 **동기적 동료 교수법** 참조).

왜 상호적 온라인 강의인가?

강의야말로 아마 온라인으로 이동해서 시행할 수 있는 학습활동 중 가장 쉬운 형태 중 하나이며, 디지털 포맷에서 많은 이점을 제공한다.

재사용성. 교사들은 강의를 시리즈별로 녹화해 두고, 매 수업이나 매학기 마다 해당 강의를 진행하는 시간을 절약할 수 있다.

유연성. 학생들은 원할 때 강의를 시청할 수 있다. 또한 필요한 횟수만큼 복습할 수도 있다.

휴대성. 학생들은 강의를 핸드폰이나 MP3 플레이어에 가지고 다니면서 시청 혹은 재시청할 수 있다.

효율성. 심혈을 기울여 원고를 준비한 강의인 경우, 특히 질문이나 강의가 옆길로 새는 것을 피할 수 있는 경우, 학급 내에서 진행되는 강의에 비해 강의 시간이 짧고 좀 더 간결할 수 있다.

어디에서 진행되나?

학생들은 학습 관리 시스템(LMS)이나 스트리밍 미디어 서버를 통해서, 혹은 유튜브(YouTube)나 비메오(Vimeo) 등의 소셜 미디어 사이트를 통해서 파일을 볼 수 있다.

그림 7.4 디지털 비디오 파일은 핸드폰 및 기타 연결 기기에서 편리하게 접속할 수 있다.

학생들은 컴퓨터나 태블릿 혹은 핸드폰 등의 모바일 기기에서 위 강의들을 시청하거나 듣는다(그림 7.4).

해당 비디오에 대한 질문과 토론은 온라인 토론방이나 팔로우 업(follow-up), 오프라인 Q & A에서 진행될 수 있다.

누가 상호적 온라인 강의를 하나?

해당 교사 혹은 게스트로 초대된 전문가가 강의를 진행할 수 있다. 학급 전체가 강의를 시청하거나 들을 것으로 예상되지만 구성원 전부가 일제히 듣는 것과는 달리 각자 개인적으로 강의를 시청한다. 이를 통해 학생들이 온라인 강의 학습을 더 잘 제어할 수 있게 된다.

어떻게?

디지털 강의들은 간단히 웹캠과 마이크를 이용해서 대부분의 컴퓨터상에서 제작 가능하다. 여러분의 사무실이나 집, 현지 촬영, 녹화 스튜디오(많은 수의 대학에서는 교수진들이 사용할 수 있는 녹화 공간을 두고 있음) 등에서 제작이 이루어질 것이다.

디지털 강의 파일은 LMS(LMS 내에서 바로 녹화가 이루어지는 경우도 있음)나 스트리밍 미디어 서버, 유튜브나 비메오 등의 소셜 미디어에 업로드 가능하다.

온라인 강의는 학생들이 구독할 수 있는 '피드(feed)'를 제작함으로써 학생들의 기기가 최신 강의를 자동적으로 다운로드를 확실히 받을 수 있도록 하고 있다.

☑ 레슨 한 회 내에서 등장하는 청각 및 시각 자료는 간단해야 한다.

☑ 기억에 더 잘 남을 수 있도록 정보 단위가 점진적으로 크기가 커지는 덩어리로 쪼개져 있다.

☑ 새로운 정보를 습득한 후 바로 학생들이 해당 정보를 적용할 기회가 있다.

☑ 이야기, 일화, 감정 혹은 사람들 간의 갈등을 활용하여 적절한 시기에 현실 세계와의 관련성을 보여준다.

☑ 콘텐츠는 지식의 과부하를 피하기 위해 간단하고 명확하게 설계된다(예: 글로 작성된 텍스트를 보여주면서 동시에 이야기하는 것을 피함, 장식용으로 산만한 이미지 사용을 피함, 한꺼번에 너무 많은 양의 정보를 제시하는 것을 피함 등).

디지털 오디오와 비디오 제작

디지털 비디오를 제작하고 공유하는 작업은 그 어떤 작업들보다도 쉽다. 하지만 경험이 거의 없거나 적당한 자료가 없는 사람들에게는 여전히 벅찬 과업이다. 아래에 온라인에서 제공될 디지털 강의에 대한 몇 가지 팁을 소개한다.

● **단순하게 생각하라.** 생산 가치보다 콘텐츠가 더 중요하다. 그래서 웹캠이나 핸드폰 카메라 등 보유하고 있는 어떠한 비디오 장비라

도 사용하는 것을 두려워하지 말라.

● 실제 학급 내에서 진행되는 강의를 녹화하는 경우 **학생들의 사생활을 보호하라.** 학생들이 화면에 등장하는 경우 학생들로부터 서면 허가서를 받을 것!

● 해당 주제에서 비디오 자료가 필요 없을 경우 **오디오 자료만 활용하라.** 오디오 파일은 학생들이 운동을 하거나 통학을 할 때도 청취할 수 있기 때문에 한층 더 높은 유연성을 제공한다.

● 웹 사이트나 소프트웨어를 보여 줘야 할 때는 **컴퓨터 기반 시연을 위해 스크린 캐스팅 소프트웨어를 활용하라**(표 7.2). 이는 녹화(녹음) 장면이 삽입되어 있는 슬라이드를 사용한 프레젠테이션에서도 효과가 있다.

● **강의를 많이 녹화하려고 하는 경우, 품질 좋은 마이크를 사용하라.** 여러분이 재직 중인 학교에서 마이크를 대여해 주는지 여부를 알아볼 수도 있다.

● 학생들이 다양한 기기를 통해 접속할 수 있도록 **표준 파일 포맷으로 강의 파일을 제공하라.** 비디오의 경우 MP4/M4V, AVI, MOV를, 오디오의 경우 MP3를 사용하라.

 학생 서면 허가서에 대한 샘플 형식은 웹 사이트에서 찾을 수 있다.

디지털 비디오의 주요 이점 중 하나는 학생들이 원하는 시간 및 장소에서 그리고 필요한 만큼 여러 번 비디오를 시청할 수 있는 유연성을 학생들에게 부여할 수 있다는 것이다. 하지만 학생들은 여러 가지 일을 동시에 하고 싶을 수도 있고, 강의를 수동적이거나 산만하게 들을 수도 있다. 아래에 나와 있는 상자에서는 각각의 온라인 비디오에 포함될 수 있는, 조언자의 역할을 하는, 지침에 대한 예시를 보여준다.

비디오 최대한 활용하기

아래의 경우에서 학급의 강의 비디오를 시청하는 경우에 최고의 수업을 진행할 수 있을 것이다.

● 최대한 집중할 수 있을 때만
● 관련 활동과 연계했을 때(예: 퀴즈 풀기)
● 필요한 만큼 많은 횟수로 복습하거나 공부했을 때

팁

저작물 사용 허가 표시인 **크리에이티브 커먼즈**(Creative Commons, CC) 라이선스 하에서 비디오를 유튜브나 비메오 등의 소셜 미디어 사이트에 등재하는 작업은 여러분의 수업을 학급이라는 경계를 넘어서서 다른 사람들과 공유할 수 있는 최고의 방법이다. 허가를 받기 위해 여러분을 성가시게 하지 않고도 다른 사람들이 어떻게 여러분의 작품을 재이용할 수 있는지 CC를 통해 알 수 있다. 자세한 사항은 http://creativecommons.org를 참조.

☑ 학습자들이 집중할 수 있고 참여할 수 있도록 프레젠테이션이 설계되었다.

☑ 참고 자료는 사람들이 흔히 사용하는 포맷으로 제작되어 모든 학생들이 이용할 수 있다.

☑ 교육학적 단계가 단계별로 진행되며, 이는 학습 주제에 적절하다.

☑ 외생적 인지부하를 야기할 수도 있는, 꼭 필요하지 않은 자료들은 피한다.

표 7.2 비디오 혹은 스크린캐스트 녹화를 위한 무료 소프트웨어

소프트웨어	설명	OS	URL
Jing	오디오가 포함된 짧은 길이의 스크린캐스트 녹화	Win, Mac	techsmith.com/jing.html
CamStudio	오디오와 콜아웃(callout)이 포함된 스크린 캐스트 녹화	Win	camstudio.org
Screencast-O-Matic	원클릭 스크린 캡처 레코딩	Browser-based, Mac	screencast-o-matic.com
Movie Maker	자신의 컴퓨터에 들어 있는 오디오 및 비디오 파일의 녹음(화)과 편집	Win	windows.microsoft.com/en-US/windows/get-movie-maker-download
iMovie, Photobooth QuickTime	Mac에서 오디오 혹은 비디오 파일을 녹화하기 위한 내장형 툴	Mac	N/A

7.3 예제와 실습 활동

학습활동에 스킬 개발이 포함되는 경우, 학습자들에게는 새로운 정보뿐 아니라 그 정보를 실제로 적용할 기회 역시 필요하다. 블렌디드 과정 설계에서는 예제(worked example)의 형태로 새로운 정보를 제공하는 온라인 자료의 재사용성을 활용할 수 있고 오프라인 모임을 활용해 효율적인 실습 및 교정 피드백을 촉진할 수도 있다.

예제

예제란 무엇인가?

예제는 도전 과제를 제시하고 해당 과제를 통해 매 단계마다 정확한 해법을 설명한다. 각 단계는 한 단계가 끝나고 다음 단계가 진행되는 단계별로 점진적으

로 시행된다(그림 7.5, 7.6). 예제를 보고 난 후, 학생들은 실습하고 본인의 실력으로 유사한 문제를 풀어 보는 기회를 가져야 하며, 필요한 경우 제공되는 교정 피드백도 활용한다.

왜 예제가 필요한가?

스킬에 대한 효과적인 수업을 위해서는 종종 설명의 형식이 활용되며, 예제는 설명하는 과정 중 입증된 방법이다. 단계별 설명을 통해 학습자들은 전문가들이 문제를 푸는 과정에 대한 통찰력을 쌓음으로써 학습 진도를 방해할 수도 있는 의문점의 대부분을 해소할 수 있게 된다.

어디에서 제공되나?

신체적인 활동이 포함되어 있거나 사람들 간의 상호작용이 요구되는 경우에는 오프라인에서 제공되지만, 대부분의 경우 온라인에서 제공된다.

누가 상호적 예제를 제공하나?

해당 교사나 여러 전문가들이 예제를 제공한다. 학급 전체 혹은 개인적으로 해당 예제를 관찰하고 적용한다. 학습자들은 해당 과정을 설명하기 위해 스스로 예제를 제작할 수도 있다.

어떻게?

우선 해당되는 도전 과제 혹은 개념을 확인한 후 전문가들의 해결 과정을 개괄적으로 살펴봄으로써 사고 과정에 대해 집중적으로 분석한다. 이러한 개요는 다양한 매체를 활용해서 예제를 제작하는 데 사용될 수 있다. 예를 들어,

- 텍스트, 이미지, 도표 등을 활용한 웹 페이지
- 강의에 포함되어 있는 비디오

오프라인에서 제공되는 예시의 경우, 교사는 시연 및 설명을 위해 모임 전에 해당 과정에 대해 준비해야 한다.

그림 7.5 이 예제는 여러 개의 숫자들에 대한 평균, 중간값, 최빈값을 구하는 데 사용된 인지 과정을 설명하기 위한 비디오다(칸 아카데미, CC By-NC-SA).

'직접 해 보는' 유도 실습

단지 비디오를 시청하거나 책을 읽는 것만으로는 스킬을 배울 수 없다. 즉, 본인 스스로 실제로 해당 스킬을 시도해 보아야 한다. '직접 해 보는' 실습을 통해 학습자들은 본인이 직접 해 보든 아니면 감독 하에서 해 보든 간에 스킬을 연마할 수 있다. 학습자들이 초기에 시도를 하는 경우 그들이 혼자 힘으로 실습을 할 수 있는 능력을 키울 때까지는 지침이 필요하다.

학생들이 배운 내용을 실제 상황에서 해 볼 수 있도록 우리는 **실제와 동일**하거나 가능한 한 실제와 유사한 활동들을 설계해야 한다. 직접 해 보는 실습이 실제 세계의 시나리오에 맞먹고 다양한 감각들이 서로 어우러지게 하려면 오프라인 환경을 활용하라(예를 들면, 사람들끼리의 면대면 상호작용 혹은 신체적 활동과의 체험 상호작용 등). 해당 교사가 학생들의 활동을 바로잡고 노력을 위한 발판을 마련하기 위해 그들을 관찰해서 신속하게 중재할 수 있도록 오프라인에서 직접 해 보는 실습의 가치는 초기 단계에서는 매우 중요할 수 있다.

Step 3 - Float and Size the List Items

Let's begin turning this list of shoe images into a gallery by **setting the LIs to float to the left**.

If we don't set a size, each LI will only be as large as its content. **Let's size these to be about a third of the width of the parent (30%)** and add some **margins on the right of each (3%)** so they're not too close together:

```
.gallery {
    margin: 0;
    padding: 0;
    list-style: none;
}

.gallery li {
    float: left;
    width: 30%;
    margin: 0 3% 0 0;
    padding: 0;
}
```

That's looking good already!

그림 7.6 웹 디자인에 대한 블렌디드 과정에서 사용하는 예제로, 텍스트와 이미지를 활용해 학생들에게 단계별로 차례차례 웹 페이지 디자인 활동에 대해 보여준다.

팁

순전히 보충자료만 가지고 학생들의 주의를 분산시키지 마라. 학습 시간은 어떠한 과정에서도 제한적이며, 연구에 따르면 꼭 필요하지 않은 교육 자료들은 학생들이 학습 성과를 향해 발전하는 것을 방해할 가능성이 있는 외생적 인지 부하를 야기할 수도 있다. 만약 보충 자료를 제공하는 경우라면 과정의 특별 활동 시간에 제시하라.

접근성 및 보편적 설계

학생들에게 있을 여러 장애 요소에도 불구하고 모든 학생의 학습을 지원하기 위해서는 교사들이 접근 가능한 포맷으로 학습활동을 제공해야 한다. 예를 들면, 오디오 포맷으로 콘텐츠를 제공하는 경우, 청각 장애가 있는 학생들을 위해서 동일한 콘텐츠의 대본을 제공해야 한다. 비디오의 경우 자막, 즉 **통합 텍스트 전사본**(collated text transcript)을 통해 발화 내용과 더불어 시각 자료와 행위에 대한 설명이 포함되어야 할 수도 있다.

보편적 설계(universal design)란 사용자들에게 일어날 수 있는 접근성 문제의 다양성을 고려한 미디어 설계에 붙여진 이름이다. 본질적으로 보편적 설계의 목표는 한 가지 장애 요소를 사용할 수 있게 하는 것이 아니라 여러 사람과 장비에서 보편적으로 접속 가능한 방법으로 콘텐츠 및 활동을 제공하는 것이다.

많은 국가에서는 국가가 운영하는 교육 활동에 대한 접근성을 감독하고 규제하는 법안이 존재한다(예: 미국장애인법(ADA) 제 508조). 따라서 해당 지침을 보고 싶다면 여러분이 소속된 교육기관의 해당 사무실에 문의하길 바란다.

수준 높은 멀티미디어 학습활동들은 여러 개의 실제 시나리오를 본 따서 제작되며 학생들에게 '직접 해 보는' 활동을 실습해 보는 기회를 제공하긴 하지만, 제작 과정이 노동 집약적이고 멀티미디어 소프트웨어를 활용한 전문적인 스킬이 필요하다.

 7장에 나와 있는 자료 및 툴에 대한 목록은 웹 사이트에서 찾을 수 있다.

동적인 콘텐츠 및 시뮬레이션

온라인 콘텐츠 대부분은 현재 정적이다. 정적인 콘텐츠의 구성 및 시각적 설계는 콘텐츠를 습득하려는 학생들의 의지에 중요한 영향을 끼친다. 두 종류의 온라인 레슨을 듣는 학생을 상상해보라. 첫 번째 레슨은 많은 분량이며 그 중 텍스트가 95퍼센트고, 두 번째 레슨은 첫 번째 레슨에 비해 적은 분량의 텍스트와 그래픽 이미지, 심지어 단편 비디오 한 두 편이 포함되어 있다.

어떤 경우가 학생들의 관심을 좀 더 끌 수 있겠는가?

온라인에서 이용 가능한 정적인 콘텐츠를 보충하기 위한 목적으로 이용 가능한 동적인 콘텐츠의 양이 늘어가고 있다. 구글 스카이(Google Sky)등의 시뮬레이션 툴을 활용해서 우주에 있는 행성들에 대해 탐구하고 학습하는 학생(그림 7.7) 혹은 실험실 환경에서 다루기에 매우 위험한 결과를 초래하게 될 화학물질 결합 반응 시 효과를 관찰하기 위해 가상 화학 실험실(Virtual ChemLab)을 사용하는 학생(그림 7.8)의 참여도를 상상해보라.

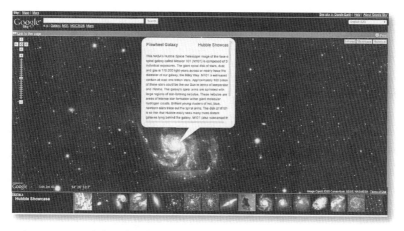

그림 7.7 구글 스카이는 최고의 천문학 데이터를 기반으로 우주의 전경을 시뮬레이션한 툴이다(http://google.com/sky).

그림 7.8 가상 화학 실험실은 화학반응 및 기타 물질에 대한 실제 시뮬레이션을 제공한다. 브리검영 대학교 및 프렌티스 홀(http://chemlab.byu.edu/)

활동 : 컴퓨터실에서 직접 해 보는 유도 실습

컴퓨터 스킬(예 : 프로그래밍이나 소프트웨어 어플리케이션)이 학습 성과의 일부인 경우, 컴퓨터실은 오프라인에서 직접 해 보는 실습을 위한 매우 효과적인 공간이 될 수 있다.

예제를 공부한 후에 컴퓨터실에 있는 학생들은 하나 이상의 과업을 수행하기 위해 교사로부터 지시를 받는다. 학생들은 서로 노력의 발판이 되어주고 결과를 비교하며 문제에 봉착했을 경우 서로를 이끌어가는 데 도움을 주기 위한 파트너를 배정 받는다. 교사는 컴퓨터실을 돌아다니며 사기를 북돋우고 학생 각각의 수행 결과를 모니터링하며 맞춤식 설명을 제공하고 실습을 어려워하는 학생들을 도와주기도 한다.

과업이 완료된 후 학생들은 본인들의 학습 진행 상황을 되돌아보고 어려웠던 점을 메모하며 혼자 힘으로 할 수 있는 추가 실습에 대한 목표를 세워야 한다.

그림 7.9 오프라인 실습실에서의 경험을 통해 효율적으로 수업과 학생 수행 결과에 대한 모니터링과 교정을 결합할 수 있다. 이미지 출처 : 세인트루이스 대학교 마드리드 캠퍼스의 '컴퓨터실', CC By-ND〈http://flickr.com/photos/slumadridcampus/6263462648/〉

☑ 학습 자료는 현실에 존재하거나 현실 적용과 연관된다.

☑ 프레젠테이션을 명확하게 전달하기 위해서 예시나 모델, 사례 연구, 실화 등이 포함된다.

7.4 온라인 자기평가

6장에서 온라인 툴이 퀴즈, 시험, 테스트 등의 공식적인 평가를 어떻게 지원할 수 있는지에 대해서 알아보았다. 온라인 퀴즈는 문제를 무작위로 출제할 수 있고 자동적으로 피드백을 제공할 수 있는 기능 덕분에 실습 활동에 이용하기에도 이상적이다. 자기평가는 학생들의 지식을 테스트하고 스스로 평가할 기회를 제공하기 위해 온라인 퀴즈 툴을 활용하거나 단순히 해답지가 있는 연습 문제지에 의존할 수 있다.

자기평가 퀴즈

자기평가 퀴즈란 무엇인가?

온라인 퀴즈 시행 툴은 학생들에게 문제를 제시한다. 문제의 형태는 O/X 문제, 객관식 문제, 짝짓기 문제, 주관식 문제 등이다. 퀴즈는 자동적으로 채점된 후 해당 학습자에게 즉시 피드백을 제공한다(6장 참조).

왜 자기평가 퀴즈가 필요한가?

자기평가 퀴즈는 신속하게 진행되고 부담이 적기 때문에 스트레스도 낮다. 자기평가 퀴즈를 통해 중요한 정보를 다시 한 번 상기하게 되고 학생들에게 지식 및 이해한 내용에 대해 확인하는 방법으로 하위(lower-order) 인지 스킬을 습득하도록 하고 있다.

퀴즈의 결과는 자동적으로 바로 채점되어 교사의 추가 작업 없이 학습자들에게 조치 가능한 피드백을 제공한다. 반복적으로 퀴즈에 응시함으로써 학습 내용을 숙지할 수 있다.

어디에서 제공되나?

대부분의 LMS는 자동적인 피드백이 포함된 문제를 출제하고, 문제 은행을 관리하며, 규모가 더 큰 문제 풀에서 문제를 무작위로 선택하고 퀴즈에 대한 변수를 설정해 주는 퀴즈 시행 툴을 제공한다.

누가?

학생 개개인.

어떻게?

퀴즈 출제

LMS는 온라인 퀴즈를 가능하게 하는 데 매우 능숙한 편이다. 아래에 몇몇 기본 단계를 제시한다.

- 온라인 문제 은행에 문제를 추가한다. 여러분만의 문제로 구성하거나 출판사 혹은 공개된 교육 자료에서 문제를 다운로드한다. 학습 성과 각각을 반영할 수 있는 문제를 여러 개 찾아보라.
- 정답과 오답에 대한 피드백을 세심하게 준비한다. 오답에 대한 피드백에서는 왜 그 답이 틀렸는지에 대해 설명하고 복습을 위해 학습자들이 다시 자료를 찾아볼 수 있도록 해야 한다. 정답에 대한 피드백에서는 학습 주제에 대해

상세히 설명해야 한다.

● **문제를 구성한다.** 가능하다면 학습 성과에 따라 문제를 구성하고, 여러 개의 학습 성과 중 각각의 성과에 대해 무작위로 문제를 선택한다.

● **퀴즈의 변수를 설정한다.** 학습자들이 적절한 퀴즈 결과를 확실하게 볼 수 있도록 하는 과정으로, 1회 이상의 퀴즈 응시를 고려하고, 마감일을 정하거나 시간 제한을 둘 수 있다.

● **퀴즈를 공개한다.** 과정 일정표나 발표 등을 통해서, 혹은 과정의 개요에서 퀴즈로 바로 갈 수 있는 하이퍼링크를 제공함으로써 학습자들에게 해당 퀴즈에 대해 분명하게 인지시켜라.

● **퀴즈 결과를 점검하고 해당 퀴즈를 수정한다.** 대부분의 LMS 퀴즈 툴에서는 문제나 답안 선택이 효과적인지 여부를 밝혀줄 수 있는 퀴즈 통계 혹은 **문항 분석**(item analysis)을 제공한다.

퀴즈 풀기

학생들은 퀴즈를 풀고 난 즉시 결과를 본다. 각 질문에 대한 피드백을 검토할 수 있고 퀴즈에 재응시하기 전에 자료를 복습할 수 있다.

어떤 퀴즈는 숙달 기준(예 : 80퍼센트)을 만족해야 다른 자료를 이용할 수 있다.

연구 노트

적극적으로 정보를 기억해 내는 행위는 단순히 해당 정보를 복습하는 것보다 더 효과적일 뿐 아니라 지식 격차도 반영하며, 이를 통해 더 많은 연구를 할 수 있다(deWinstanley & Bjork 2002).

자기평가는 프레젠테이션 혹은 예제 학습 전이나 후에 시행된다.

● **후에 시행** : 정보 습득 즉시 해당 정보를 적용하고 보강할 기회를 제공

● **전에 시행** : 이해해야 할 내용을 미리 평가하고 문제점에 대해 학생 스스로 확인

활동 : 수업 전 읽기 능력 퀴즈

'수업 전 읽기 능력 퀴즈'를 풀기 위해서 학생들은 읽기 자료를 다 읽어야 하며, 읽기 능력 퀴즈를 통해 교사들은 주요 주제에 대해 학급 구성원들이 이해한 내용을 적시에 피드백할 수 있다.

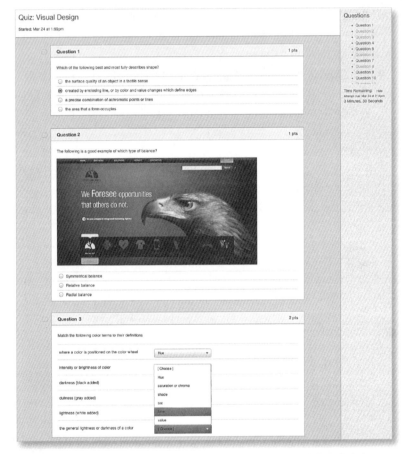

그림 7.10 객관식 및 주관식 문제가 있는 온라인 읽기 능력 퀴즈에 대한 학생 경험

수업 전 읽기 능력 퀴즈는 정기적으로 실시되어야 한다(예: 오프라인 모임이 있을 때마다 그 전에 실시). 오프라인 수업이

시작되기 전 일정한 기간 내에 날짜와 시간에 기한을 정해두고 자기평가에 대해 동일한 지침을 따르라. 이는 오프라인 수업일 하루 전 밤 11시 59분까지 혹은 단순하게 수업 한 시간 전을 의미할 수도 있다. 교사들이 수업 전 퀴즈 결과에 대해서 검토해 볼 수 있는 시간을 충분히 배정해 두어라.

그 후 교사들은 오프라인에서 익명으로 퀴즈 결과를 공유할 수 있고, 해당 퀴즈 결과를 여러 활동이나 혼란스러운 문제 혹은 의문이 가는 문제에 대한 토론 등의 근거로 삼을 수 있다.

☑ 실습을 지원하고 진도에 대한 유연성을 증가시키기 위해 자가 수정 및 자기평가 활동은 과정 내내 활용된다.

☑ 자기평가 활동은 오답에 대해서는 교정 피드백을, 정답에 대해서는 상세한 설명을 제공한다.

7.5 내용 중심의 학습활동 배치

블렌디드 과정은 오프라인 및 온라인 활동과 행사로 구성되어 있기 때문에 교사들은 오프라인과 온라인 간 차이를 메우기 위해서 신중하게 이들 활동들이 연관되게 배치해야 한다. 교사들은 내용 중심의 활동을 이용해서 실습 활동이 얼마나 직접적으로 콘텐츠, 예제, 프레젠테이션 등과 연관되는지에 주목함으로써 온라인 활동과 오프라인 활동을 배치할 수 있다. 모든 활동은 학생들이 성공적으로 평가 받을 수 있도록 특정 학습 성과와 연관되어야 한다.

교사들은 과거에 진행되었던 학습을 다시 참조하고 향후 진행될 학습 혹은 평가를 기대함으로써 온라인 활동과 오프라인 활동 간 관계를 명확하게 해야 한다. 9장에서 다루게 될 '하이퍼링크로 연결(hyperlinking)'이 이러한 배치 작업을 도와줄 것이다.

☑ 온라인 활동들은 오프라인 활동을 참조하고 오프라인 활동과 연관 되며, 오프라인 활동들 온라인 활동을 참조하고 온라인 활동과 연 관된다.

7.6 요약 및 기준

내용 중심의 학습활동은 온라인 강의일 때 이점이 있으며, 엄청난 규모의 전통적인 오프라인 활동을 온라인으로 이동하는 유연성을 교사들에게 제공한다(표 7.3). 강의, 프레젠테이션, 예제 등은 온라인에서 디지털화되고 공유되어 학생과 교사 모두 재사용할 수 있는 자료를 제공한다. 모든 종류의 프레젠테이션은 온라인에서든 오프라인에서든 가능한 한 학생들의 관심을 끌고 효과적이 될 수 있도록 특별히 주의해야 한다. '직접 해 보는' 활동들은 학습 성과 및 콘텐츠에 따라 오프라인 수업용으로 교사들이 선택한 활동들 중 하나일 수 있다.

새로운 정보를 전달하는 프레젠테이션이 진행된 후에는 배운 지식을 테스트하고 학습에 적용하는 기회를 학생들에게 제공하는 활동들이 따라 나와야 한다. 한 예가 컴퓨터에서 자동으로 채점되고 여러 번 퀴즈를 볼 수 있도록 LMS 퀴즈 시행 툴을 활용한 자기평가를 추가하는 것이다.

내용 중심의 활동들은 새로운 정보의 제시, 스킬의 시연, 정보를 보강하거나 실습해 보는 기회에 초점을 두고 있다. 8장에서는 각 개인의 반성, 그룹 토의, 공동 작업을 도모하는 커뮤니티 중심의 활동의 블렌딩에 초점을 둔다.

표 7.3 내용 중심의 주요 활동에서 온라인과 오프라인 활동의 장점 요약

활동 유형	오프라인의 장점	온라인의 장점
강의, 프레젠테이션, 예제	여러 감각을 활용 자발성 자세한 설명 기회	시간과 공간의 유연성 재사용성 사용자의 진도 조절
'직접 해 보는' 유도 실습	학급 전체에 대한 동시적 모니터링 고차원적 '인간성' 공유되는 신체적 활동 고려	시뮬레이션 및 가상 환경의 제한이 없음 개개인의 실습 지원 사용자의 진도 조절
자기평가 퀴즈	부정행위에 대한 통제가 용이	맞춤식 문제 선택 채점 자동화 자동 피드백 여러 번 응시 가능

☐ 학습 자료 및 활동 등은 학습 성과가 잘 나오도록 지원한다.

☐ 학습활동들은 자주 시행되며 다양하다.

☐ 활동들을 통해 과정의 내용 및 개인 간 커뮤니케이션과 관련된 상호작용이 활발하게 진행된다.

☐ 레슨 한 회 내에서 등장하는 청각 및 시각 자료는 간단해야 한다.

☐ 기억에 더 잘 남을 수 있도록 정보 단위가 점진적으로 크기가 커지는 덩어리로 쪼개어져 있다.

☐ 교사의 피드백 등 새로운 정보를 얻은 후에는 해당 정보를 적용할 수 있는 기회가 학생들에게 주어진다.

☐ 이야기, 일화, 감정 혹은 사람들 간의 갈등을 활용하여 적절한 시기에 현실 세계와의 관련성을 보여준다.

☐ 콘텐츠는 지식의 과부하를 피하기 위해 간단하고 명확하게 설계된다. (예: 글로 작성된 텍스트를 보여주면서 동시에 이야기하는 것을 피함, 장식용으로 산만한 이미지 사용을 피함, 한꺼번에 너무 많은 양의 정보를 제시하는 것을 피함 등)

☐ 학습자들이 집중할 수 있고 참여할 수 있도록 프레젠테이션이 설계

되었다.

☐ 교육학적 단계가 단계별로 진행되며, 이는 학습 주제에 적절하다.

☐ 외생적 인지 부하를 야기할 수도 있는, 꼭 필요하지 않은 자료들은 피한다.

☐ 참고 자료는 사람들이 흔히 사용하는 포맷으로 제작되어 모든 학생들이 이용할 수 있다.

☐ 학습 자료는 현실에 존재하거나 현실 적용과 연관된다.

☐ 프레젠테이션을 명확하게 전달하기 위해서 예시나 모델, 사례 연구, 삽화 등이 포함된다.

☐ 실습을 지원하고 진도에 대한 유연성을 증가시키기 위해 자가 수정 및 자기평가 활동은 과정 내내 활용된다.

☐ 자기평가 활동은 오답에 대해서는 교정 피드백을, 정답에 대해서는 상세한 설명을 제공한다.

☐ 온라인 활동들은 오프라인 활동을 참조하고 오프라인 활동과 연관되며, 오프라인 활동들은 온라인 활동을 참조하고 온라인 활동과 연관된다.

참고 자료

Anderson, T. (Ed.). (2008). *The theory and practice of online learning* (2nd ed.). Edmonton, Canada: Athabasca University Press.

Clark, R. C., Nguyen, F., & Sweller, J. (2006). *Efficiency in learning: Evidence-based guidelines to manage cognitive load.* San Francisco, CA: Pfeiffer.

deWinstanley, P. A., & Bjork, R. A. (2002). Successful lecturing: Presenting information in ways that engage effective processing. *New Directions for*

Teaching and Learning, 89, 19-31. doi:10.1002/tl.44.

Ebert-May, D., Brewer, C., & Allred, S. (1997). Innovation in large lectures: Teaching for active learning. *BioScience*, 47(9), 601-607.

Holmberg, B. (1999). The conversational approach to distance education. *Open Learning*, 14(3), 58-60.

Karpicke, J. D., & Blunt, J. R. (2011). Retrieval practice produces more learning than elaborative studying with concept mapping. *Science (New York, N.Y.)*, 331(6018), 772-725. doi:10.1126/science.1199327.

Kirschner, P. A., Sweller, J., & Clark, R. E. (2006). Why minimal guidance during instruction does not work: An analysis of the failure of constructivist, discovery, problem-based, experiential, and inquiry-based teaching. *Educational Psychologist*, 41(2), 75-86.

Medina, J. (2009). *Brain rules: 12 principles for surviving and thriving at work, home, and school*. Seattle, WA: Pear Press.

Muller, D. A. (2008). *Designing effective multimedia for physics education* (doctoral dissertation). University of Sydney, Australia.

8장 집단 중심의 학습활동 블렌딩

실습 집단이란 서로 정기적으로 상호작용하면서 구성원들이 하는 일에 대한 관심사나 열정을 공유하고 그 일을 더 잘 할 수 있는 방법을 배우는 사람들의 무리를 말한다.

에티엔 웽거 *(2007)*

우리는 다른 사람을 통해서 우리 자신이 되어 간다.

비고츠스키 *(1966)*

8.1 왜 집단 중심의 학습활동이 중요한가?

집단 중심의 활동들은 학습자들로 하여금 그들의 생각을 탐구하고 공유하며 분석하고 개선하게끔 고무하고, 사회적 상호작용을 통해 생각을 실천할 수 있도록 해 준다. 집단 중심의 학습활동은 인간이 되는 사회적 과정을 강조하고 정서적인 반응을 활용할 수도 있는 학습 효과를 활용한다. 집단 중심의 활동은 종종 '비판적 사고(critical thinking)'라는 용어에 가려져 있는 고차원적 인지 기술을 목표로 하려 한다(예 : 적용, 분석, 평가, 창조).

내용 중심의 학습활동처럼 집단 중심의 학습활동 역시 온라인에서 시행될 때 많은 이점을 얻을 수 있다. 하지만 집단 중심의 학습활동은 사람 대 사람의 상호작용을 수반하기 때문에 면대면 상호작용의 본질적 특성 중 몇몇은 교사들이 학급 내에서 집단 중심의 활동을 이끌겠다고 선택하게끔 해 주는 추가적인 혜택을 제공할 수도 있다.

해야 할 일

해당 과정의 설계 지도를 활용한 본보기 레슨 계획안을 계속 개발하
라. 8장이 끝날 때 쯤 여러분은 온라인 환경에서 블렌디드 레슨 설계
를 시작할 수 있도록 충분한 아이디어와 노트를 가지고 있어야 한다.

표 8.1 상호작용과 관련해서 오프라인과 온라인 환경의 일반적인 강점과 약점

	오프라인(면대면)	온라인(비동기적)
강점	**인간관계**. 면대면 환경에서는 사회적 존재감을 결속하고 발전시키기가 좀 더 쉽다. 이를 통해 신뢰감을 쉽게 형성할 수 있다. **자발성**. 관련된 아이디어와 우연히 발견된 내용을 신속하게 연쇄적으로 연결할 수 있도록 해 준다.	**유연성**. 학생들은 본인들에게 가장 편한 시간 및 장소에서 토론에 참가할 수 있다. **참여**. 시간과 공간상 제약이 없기 때문에 학생 전원이 토론에 참가할 수 있다. **사고의 깊이**. 학습자들은 본인의 주장을 뒷받침하기 위한 증거를 신중하게 생각한 후 제공하고, 좀 더 깊이가 있고 신중한 생각을 전달하기 위해 시간을 가질 수 있다.
약점	**참여**. 학습자 전원을 참가시키는 것은 불가능하다. 특히 학급의 규모가 크거나 주도형(dominating) 성격의 학생이 있는 경우에는 특히 그러하다. **유연성**. 시간의 제약성은 여러분이 도달하고자 깊이까지 토론이 이루어지지 않을 수 있다는 것을 의미한다.	**자발성**. 온라인에서는 관련된 아이디어와 우연히 발견된 내용을 신속하게 연쇄적으로 연결하도록 해 주지 못한다. **지연**. 학습을 지연시키려는 경향이 있을 수 있다. **인간관계**. 매체 자체가 인간미가 없다고 여겨지기 때문에 커뮤니케이션을 진행할 때 만족도가 더 낮을 수 있다.

오프라인 환경의 혜택은 인간관계, 즉 공감, 사회적 에너지
혹은 경험 공유 등과 관련이 있으며, 인간관계를 활용해서 정
서적인 성과를 만들어내고 학생들의 마음을 사로잡을 수 있다
(표 8.1).

이미 다룬 내용이기 때문에 8장에서는 집단 중심의 학습활동 각각에 대한 온라인 및 오프라인 방식의 상대적인 강점과 약점을 다룰 것이다.

8.2 블로그와 학술지

나는 내가 생각한 내용을 이해하기 위해 적는다.
조앤 디디온

'웹로그'에서 나온 용어인 **블로그**는 개인적이고 개방된 온라인 저작 공간으로, (코멘트를 달아서) 집단 토론을 진행하고 (구독 및 댓글을 통해) 참여할 수 있도록 제작되었다.

학술지는 학습자들이 다음의 활동을 할 수 있게 시기별로 정리되어 있는 공간이다.

● 학습 내용 요약
● 이미 이해한 내용의 맥락에서 새로운 지식 습득
● 과거에 학습에 들인 노력 및 향후 목표 고려

학술지는 전형적으로 내용 중심적이다. 하지만 학술지가 블로그상에 존재하는 경우 그 경계가 집단 중심 학습활동과 교차된다.

웹이 등장하면서 온라인 저널 발간은 자연스러운 현상이 되었다. 학술지들은 전통적으로 텍스트로 구성되어 있어 작문 및 커뮤니케이션 스킬을 실습하는 또 다른 수단이 되어 왔다. 멀티미디어 저작 툴에 대한 접근성이 용이하고 웹상에서 저널이 발간되면서 학술지는 변화하고 그 질이 향상될 수 있다.

블로그들은 위와 같은 전통적 학술지가 변화할 수 있게 해 주는 한 방법이다. 블로그는 학술지보다 그 활동 범위가 더 크기 때문에 좀 더 많은 활동들을 수반하고 공유에 초점을 맞출 수 있다. 표 8.2는 저널과 블로그가 사용되는 방법에 대한 차이점을 보여주고 있다.

표 8.2 전통적인 저널과 블로그 간 비교

	저널	블로그
독자	교사, 학습자	교사, 학습자, 동료, 기타
내용	학술지 항목(개인적 반성, 요약)	학술지 항목, 비평, 쇼케이스 작업, 의견 글 등
접근성	폐쇄적(민간)	공개적(공공)
공간	교사 소유, 예: LMS	학생 소유, 예: 블로그 플랫폼
수명	종료 시점이 존재(학기)	무기한

블로깅(blogging)

어떤 일이 진행되나?

학생들이 기사, 리뷰, 과제나 저널 항목 등을 블로그에 올리면 교사, 학우를 비롯한 여러 사람들이 이러한 포스트들을 보고 코멘트를 단다.

왜 블로깅을 하나?

블로그는 어떻게 활용하는지에 따라 학술지와 연관된 해당 학습 성과를 달성하거나 그 이상을 달성하는 데 도움이 된다. 블로그는 순전히 학생들이 소유한 것이고 더 많은 독자들과 만날 수 있으며 학습자들에게 양질의 콘텐츠로 포스트를 구성하라는 긍정적인 압박감을 줄 수도 있다는 점에서 여러 가지 주요한 장점을 더하고 있다.

블로그에 코멘트를 달 수 있다는 특성 덕분에 다른 사람들로부터 공개 피드백이나 지침, 찬사를 제공받을 수 있다. 블로그 및 블로그의 코멘트 작업이 가지는 공공성 덕분에 전문적이고 개인적인 관계를 다른 사람들과 쌓을 수 있는 **네트워크 효과**(network effect)를 도모할 수 있다.

블로그의 수명은 무한대로 설계되어 있기 때문에 학문적 프로그램 내에서 뿐만 아니라 커리큘럼이 진행되는 동안 학습에 대한 기록을 중단 없이 계속할 수 있기에 적합하도록 되어 있다.

어디에서 제공되나?

WordPress.com, Blogger.com, Posterous.com 등의 인기 있는 블로깅 플랫폼을 통해서나 개인적인 웹 사이트를 통한 학생 본인의 블로그상에서 제공된다.

누가?

보통 학생 개개인이 블로그를 운영하지만 그룹이나 학급 전체가 단체로도 운영 가능하다.

어떻게?

학생들 각자는 블로깅 플랫폼상에서 블로그를 제작할 수 있다. 해당 교사는 학생들 블로그의 URL를 수집해서 이 정보를 간단한 목록 형태나 웹 피드 형식으로 학급의 학습자들과 공유한다. 또한 교사는 학생들이 학습 성과를 달성할 수 있도록 블로그 포스트를 올리는 횟수 및 내용에 대해 방향을 제시하기도 한다.

학습자들은 본인 블로그에 포스트를 작성하거나 게재한다. 블로그 포스트는 뉴스 리더(news reader)에서 웹 피드를 통해 교사들과 다른 학습자들에게 자동적으로 '전달될' 수 있다. 포스트에 대한 개방적인 토론은 코멘트 섹션(comment section)에서 진행된다.

뉴스 리더 혹은 피드 리더는 여러 블로그 혹은 뉴스원으로부터 웹 사이트 피드를 수집한 후 웹 브라우저 혹은 휴대 기기를 통해 읽기 쉬운 온라인 포맷의 형태로 해당 피드를 전달한다.

교사들은 개인적으로 포스트를 읽은 후 점수를 매길 수 있으며, 이는 LMS의 과제 제출 혹은 채점 기능을 통해 가능하다.

학술지의 주요 장점은 사생활이 보장된다는 점인데, 블로그 역시 비밀번호 설정을 통해 특정 혹은 모든 포스트에 대한 접근을 제한할 수 있다.

학생들의 사생활과 온라인 게재

교육 영역에서 학생들의 사생활에 대한 권리를 보호하는 법안은 여러 국가에서 존재한다. 예를 들어 미국의 가족교육권리 및 사생활보호법(FERPA)에 따르면 교사들은 학생의 명백한 허가 없이는 학급의 등록 여부나 학생 과제, 성적 등을 게재할 수 없다. 따라서 학급 내에서 블로그를 활용하고자 하는 교사들은 학생들에게 FERPA 권리에 대해 조언하고 개인적으로(예: 비밀번호 설정) 혹은 가명을 이용해서 블로그에 올릴 수 있는 선택권을 주어야 한다. 기억하라! 학생 개개인은 인식 가능한 정보를 본인이 게재할지 여부를 선택할 수 있지만 학생들이 그렇게 하고 싶지 않은 경우 선택권을 주는 것은 교사의 의무다.

☑ 활동들을 통해 학생들은 본인들의 방식으로 사생활을 유지할 수 있다.

활동 : 리뷰 읽기

쓰기를 통해 학생들이 읽은 정보를 요약하고 분석해 보면 생각이 정리되고 정보가 분석될 수 있다. 교과서에 있는 챕터나 기사, 학생들의 연구나 관심사에 이르기까지 본인들이 읽고 있는 내용에 대해 글로 표현해 보도록 하는 것은 블로그를 활용하는 좋은 예다(그림 8.1). 이 경우 블로그를 통해 학생들이 기록한 활동 내용을 향후 참조할 수 있을 뿐만 아니라 학생들의 반응 및 분석에 대해 논할 수 있게 된다.

교사들은 학생들이 읽은 내용에 대해 블로그상에 정기적으로 논평하도록 유도해야 한다. 논평은 과제라기보다 일상생활 속에서 습관이 될 정도로 일상적인 작업이 될 수 있다.

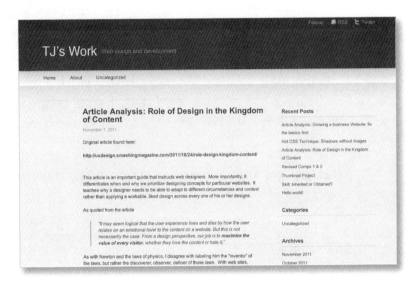

그림 8.1 학생의 기사 분석으로, 학생의 블로그에 게재

집단 토론 진행 여부를 선택할 수는 있지만, 학생들이 어려운 자료를 함께 학습하거나 동료들에게 흥미 있을 수 있는 여러 주제들을 탐구하는 경우에는 집단 토론이 강조되어야 한다.

활동: 학급 협동 블로그

성공적인 학급 블로깅 프로젝트에 대한 예는 많이 존재하며, 프로젝트 진행 시 교사는 학습 내용에 대한 발표 공간이자 과정의 주제를 발견하는 장소로써 블로그의 역할을 설정하고 유지시켜 나간다(그림 8.2). 한 학급의 블로그 내에서 해당 교사가 에디터의 역할을 하거나 학생들 스스로에게 에디터 역할을 맡길 수도 있다.

학생들은 학기 내내 개인적으로든 소규모의 그룹 단위로든 블로그에 게재해야 하는 주제를 배정 받는다. 그리고 학기 내내 학급 블로그에 올라온 포스트들에 코멘트를 달게 되면 포스트

각각에 코멘트를 적는 공간이 작은 토론방이 될 수 있도록 한다.

학급 단위로 시행한 작업에 대해 통찰력을 제공하고 학우들이 해당 분야의 다른 학습이나 작업과 연결될 수 있도록 학우들 외의 사람들과도 해당 블로그를 공유하는 것이 권장되기도 한다.

학급 블로그가 한 학기가 지나도 계속 유지되는 경우, 해당 과정의 주기 동안 생산되었던 자료들에 대한 훌륭한 기록이 될 뿐만 아니라 현재 수강 중인 학생들을 위해 상황적 정보와 예시를 추가적으로 제공해 주기도 한다.

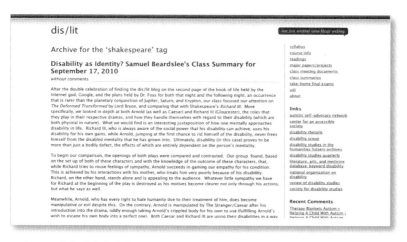

그림 8.2 메리 워싱턴 대학교에서 개설된 학급 협동 블로그: 크리스 포스 교수의 장애와 문학(Disability and Literature) 수업 (dislit2012.umwblogs.org)

팁

WordPress.com과 Blogger.com 등과 같은 전통적인 블로깅 플랫폼이 텍스트와 멀티미디어를 지원하고 있지만, 멀티미디어를 업로드하고 게재하며 공유하도록 특별히 제작된 소셜 미디어 사이트도 있다. 사진이나 일러스트레이션의 경우는 Flickr.com을, 비디오의 경우는 YouTube.com이나 Vimeo.com을 고려해 보라.

☑ 반성 및 반성적 활동들은 과정 내내 진행된다.

☑ 블로그가 사용되는 경우, 해당 블로그는 공유 및 토론을 위해 학습자 소유의 공간으로 제작된다.

☑ 적절한 경우 학습 자원을 공유하도록 학생들에게 권장한다.

8.3 동기적 동료 교수법

블렌디드 과정 중 오프라인에서의 시간은 매우 소중하다. 하버드 대학교의 에릭 마주르 교수가 개발하고 수정한 동료 교수법에서는 학습 집단을 만들고 모든 학생들에게 이해한 내용을 증명하고 변경시킬 수 있는 기회를 제공하는 동시에 학급 내 시간 중 학습 시 특정한 문제가 발생하는 지점에 초점을 맞추고 있다. 이를 통해 학생들은 그들이 학습한 내용을 설명할 수 있도록 충분히 준비함으로써 본인들의 학습에 대한 책임을 질 수 있다. 동료 교수법은 학생들이 타인의 학습을 지원하고 어쩌면 책임감을 가지게 되는 기회를 제공하기도 한다.

효율성을 높이기 위해 동료 교수법에서는 자발적이고 동기적인 상호작용이 필요하기 때문에 온라인에서 실행하는 데는 한계가 있다.

클리커, 핸드폰, 손짓 신호를 이용한 즉석 조사

마주르 교수의 동료 교수법에서는 학생 응답 시스템(student response system)인 '클리커(clicker)'를 이용한다. 클리커란 원격 제어 형태의 기기로, 질문에 대해 학생 개개인이 선택한 답을 교사의 컴퓨터로 즉시 전달해 준다. 화면에 있는 객관식 문제의 경우, 학생들은 클리커로 본인이 생각하는 답을 선택하게 되고, 그 결과는 교사가 보는 화면이나 프로젝터에 나타난다.

하지만 동료 교수법에서 클리커가 항상 필요한 것은 아니다. 어떤 학생 응답 시스템에서는 핸드폰을 비롯한 기타 모바일 기기에 설치된 소프트웨어를 사용한다.

LMS는 동일한 기능을 제공하기 위해 온라인 퀴즈 및 조사가 가능하게 해 주는 모바일 인터페이스를 제공하기도 한다. 기술이 필요 없는 방법으로는 학생 각각이 가슴 근처에서 손짓 신호를 해서 어떤 답을 선택했는지 보여주는 식이다(예 : 답이 3번인 경우 손가락 3개를 폄).

동료 교수법

어떤 일이 진행되나?

그 주에 가장 어려웠던 주제에 대한 학생들의 피드백을 바탕으로 교사는 학급에 객관식 문제를 제시한다(그림 8.3). 모바일 기기나 학생 응답 시스템('클리커'로도 알려짐), 심지어 손짓 신호를 이용해서 학생들은 본인들이 선택한 정답에 개별적으로 '투표'한다.

해당 교사는 정답에 대해 밝히지 않는다. 하지만 많은 수의 학생이 오답을 선택한 경우, 학생들은 옆에 앉아 있는 학생과 짝을 이루어 선택 가능한 보기에 대해 토론한다. 한 정답으로 의견이 모아지면 학생들은 다시 정답의 보기 버튼을 누르고 이 주기가 계속된다.

교사는 직접적인 설명이나 예제를 제공하면서 문제를 마무리할 수도 있고, 그냥 다음 문제로 넘어갈 수도 있다.

왜 동료 교수법을 시행하나?

도전 의식을 느끼게 했거나 어려웠다고 학생들이 말하는 주제를 바탕으로 문제를 출제함으로써 교사는 소중한 오프라인 수업 시간에 문제가 되는 부분에만 온전히 집중할 수 있다. 학생들이 오프라인에서 문제에 답하는 경우, 교사는 어떤 주제가 문제가 된다는 점을 즉각적으로 결정한다. 문제가 없는 경우에는 다음 단계로 넘어간다. 학생들에게 동료와 함께 정답 선택에 대해 토의하라고 요청하게 되면 학생들은 해당 정보를 이해한 대로 '설명하는 연습'을 하고 각자가 이해한 내용에 대해 점검 및 수정을 진행해야 한다. 문제를 보고 답안을 선택하고 토론을 진행하는 이런 식의 포맷을 이해가 될 때까지 반복하면서 숙달 단계에 오르게 된다.

어디에서?

학급 내에서.

어떻게?

● 오프라인 수업 전, 학생들은 주제를 공부해 오라는 지시를 받는다. 아마도 독서 혹은 비디오 강의를 통해서일 것이다.

● 학생들은 도전 의식을 불러일으키는 영역이나 문제가 되는 주제, 어려운 개념을 확인시켜 주는 수업 전 퀴즈, 토론 주제나 조사에 참여한다.

● 학생들이 선택한 답안에 따라 교사들은 어려운 개념 각각에 대한 객관식 문제를 만든다. 이러한 문제들은 클리커 소프트웨어를 활용한 프레젠테이션 슬라이드로 제시하거나 LMS 내에 조사 형식의 문제로 게재하거나 아니면 단순히 화이트보드에 문제를 적어서 제공될 수 있다.

Peer Instruction: Magnetic Striping

The magnetic striping of the seafloor is considered evidence of seafloor spreading and...

1. ...periodic reversals in the polarity of the Earth's magnetic field.

2. ...spreading centers in the trenches.

3. ...subduction down the rift valleys.

4. ...changes in the Earth's axis of rotation.

그림 8.3 동료 교수법을 위해 객관식 문제가 사용되는 경우 학급 내에 공유된다.

● 학급 내에서 교사는 해당 개념을 복습하거나 다음 질문을 진행할 수 있다.

● 해당 문제에 대해 1분 동안 충분히 생각한 후 학생들은 본인들이 선택한 답안을 각자 전송한다.

● 교사는 스크린상에 선택된 답안들을 보여준다.

● 학급의 85퍼센트 이상이 정답을 선택한 경우, 교사는 다음 문제로 넘어간다. 그렇지 못한 경우, 학생들은 옆에 앉아 있는 학우와 협력하여 정답에 대해 동의할 때까지 해당 문제에 대해 이야기해야 한다. 3퍼센트 미만이 정답을 선택한 경우라면 직접적인 설명을 제공해야 할 때라는 신호이기 때문에 동료 간 토론 단계는 넘어간다.

● 몇 분이 지나고 학생들은 토의 중 합의에 이른 답안을 전송하도록 지시를 받고, 이 과정은 숙달 기준에 충족될 때까지 반복된다.

☑ 학습자들은 본인의 학습에 대해 때로는 타인의 학습에 대해 책임을
진다.

8.4 학급 토론

> 학습은 한 개인의 소유물이 아니라 학습에 참여하는 구성원들 간
> 나눈 다양한 대화에 존재하는 것이다.

맥더못*(1999)*

교사들은 학급 토론을 통해 한 가지 주제에 대해 학생들이 탐
구할 수 있도록 지도할 수 있고, 학생들은 아이디어를 시험해
보고 질문을 하며 쟁점에 대해 토론할 수 있다. 학급 토론은 **집
단의 발전**을 도모하며, 이는 인지 영역에서 더 고차원적인 범위
에 있는 학생들의 학습에 필수적이다(Garrison & Archer 2000).

토론은 공식적(예 : 주제 기반형, 교사 주도형, 참여 필수형)일
수도 있고, 비공식적(예 : 학생의 필요에 따른 주제의 다양성, 답
을 내기 위해 협력하는 학습 집단, 참여 의무 없음)일 수도 있다.

학급 토론은 오프라인과 온라인 모두에서 뚜렷한 장점이 있
다. 학습자들이 이루어야 하는 성과가 어떤 것이냐에 따라 온라
인의 장점 혹은 오프라인의 장점 중에 하나를 선택할 수도 있고,
가교(bridging) 활동을 통해 두 가지 장점을 혼합할 수도 있다.

▶ 학생들이 스
□ 모임을 조직하고
□적인 학습활동 외
□ 서로 만나거나 단
□ 사회적 상호작용
□한 공동체의식 형
□ 할 수 있는 공개
□토론장을 만들어라
□는 만들도록 학생
□에게 권장하라.).

블렌디드 과정에서는 온라인 과정과 동일한 방법들 중 몇몇 방법을 활용하여 온라인 토론방을 활용할 수 있기 때문에 8장에서는 그 기능이 강화되고 변형되는 블렌디드 환경 내에서 토론방을 활용하는 방식에 집중할 것이다.

온라인 토론

어떤 일이 진행되나?

블렌디드 과정에서 학생들은 온라인 학급 토론에 비동기적으로 참여하지만, 온라인 학급 토론은 특정 기간 내에 진행된다. 전형적으로 특정 학급 모임과 다른 학급 모임 사이가 된다. 이러한 토론 활동은 보통 한 명의 학급 구성원에 의해 주도되거나 시작되며, 전형적으로는 교사가 그 역할을 담당하지만 항상 그런 것은 아니다.

블렌디드 과정에서 온라인 토론은 학급 경험의 또 다른 종류가 되거나 오프라인 토론과 함께 병행될 수도 있다(예시로 195페이지에 나오는 '활동 : 가교 역할의 토론'을 참조).

왜 온라인 토론을 시행하나?

온라인 학급 내에서 온라인 토론방을 활용하는 데 있어 다양한 전략들이 존재한다. 온라인 토론방의 주요 장점으로는 다음과 같다.

- **포괄성.** 면대면 학급의 제약성을 없애면 모든 학생들이 참여할 수 있고 학급 내 토론에서 본인의 의견을 거리낌 없이 말하는 것을 꺼려할 지도 모르는 많은 수의 학생들이 활발하게 토론에 참여할 수 있다는 점을 발견하게 될 것이다.
- **반성.** 오프라인 토론의 경우는 쉴 새 없이 의견이 오고 가야 하기 때문에 반성할 시간이 많지 않다. 학생들이 시간을 가지고 충분히 생각을 하고 심지어 대답에 대해 조사하게 되면 제시한 의견들이 좀 더 사색적이고 실속 있어진다.
- **긍정적 사회 압력.** 온라인 토론방을 통해 학생들이 제시한 의견을 기록할 공간이 생기게 된다. 이를 통해 학생들은 신중하게 포스트를 제작하고 타인에 대해 비판적인 사고를 할 수 있게 된다.
- **설정.** 온라인 토론방을 통해 학생들은 하나의 주제에서 출발하지만 가장 흥미를 끄는 주제의 관점 혹은 양상에 따라 집중하는 분야가 나뉘게 된다. 조정자

로서 여러분의 역할은 학생들이 중심 주제로 돌아와서 분열된 생각들을 묶어
주는 데에 있다.

● 참여도 추적. 학생들이 토론에 참여함으로써 성적에 반영되는 점수를 얻을 수
있다면 온라인 환경에서는 토론 수행 결과를 추적하고 평가하며 온라인 성적
대장과 연관시키는 것이 더 쉬워진다.

어디에서?

온라인 토론은 보통 토론 툴 내에서 진행되며, 종종 LMS 내에 존재한다. 이
토론 공간은 학생 응답의 방향을 보여주기 위해서 내포된 '스레드(thread)'가 있
는 주제로 대개는 구성된다.

온라인 토론은 블로그 포스트에서 코멘트를 다는 부분이나 위키의 토론 섹션
에서도 시행될 수 있다.

누가?

전체 학급 혹은 그룹으로 구성된 학급.

어떻게?

교사는 LMS의 토론 툴 내에 토론방을 생성함으로써 주제를 설정한다. 하나의
문제가 될 수도 있고 좀 더 일반적인 주제로 대화를 진행하는 것일 수도 있다.
토론 참여를 위해 학생들에게 명확한 지시 사항을 전달하게 되면 기대치를 정하
는 데 도움을 줄 수 있다.

학생들은 처음 제시되었던 토론 프롬프트(discussion prompt)에 대한 답을 할
뿐 아니라 각자가 대답한 내용에 대해서도 응답한다. 응답은 여러분이 손쉽게
이용할 수 있는 툴에 따라 텍스트나 오디오, 비디오 형식일 수 있다.

적어도 초기에는 교사들이 토론에 깊숙이 참여해서 학생들이 해당 과정의 목
표를 향해 나아가도록 지도하거나 모범이 될 만한 대답 및 후속 질문의 예시를
만들 것으로 예상된다.

활동 : 주제 토론

새로운 지식을 요약하고 표현해 보는 것은 실제로 이해한 부
분을 발전시키고 효과적인 학습을 위해 일종의 중요한 정신적
도식(mental schemata)을 강화하기 위한 훌륭한 방법이다. 이것

이 바로 온라인 토론이 왜 소중한 지를 말해주는 이유다. 즉, 온라인 토론은 학급의 **모든** 구성원이 그들이 배운 내용에 대해 생각하고 설명하고 질문을 던지며 탐구할 수 있는 기회를 제공해 주기 때문이다.

팁

특정한 학급 토론에 외부 전문가들을 초청하여 그들의 경험 및 통찰력을 제공 받을 수 있다. 오프라인에서 토론이 진행되는 경우, 향후 온라인에서 해당 내용을 공유하기 위해 토론을 녹화하는 것을 고려해야 한다. 온라인에서 토론이 진행되는 경우, 초청 인사는 가장 편리할 때에 포스트를 게재할 수 있는 온라인 토론방의 유연성을 활용할 수 있다.

정규적으로 개최되는 주제 기반형 온라인 토론은 과정의 내용 및 특정 주제를 개인 간 커뮤니케이션을 통해 사회적 상호작용과 연결시킨다. 교사들은 주제를 지정하고 기대치가 정해지는 방향을 제시한다(그림 8.4). 학생들은 토론 시간으로 배정된 시간 내내 토론에 참여하게 되는데, 이는 토론 시간을 설정함으로써 해당 학급이 함께 일정대로 움직일 수 있도록 해야 하기 때문에 토론 시간 설정 작업은 온라인 과정에서 중요하다. 하지만 블렌디드 과정에서는 학급의 주기가 정규적으로 열리는 면대면 수업에 기반을 두고 있기 때문에 시간 설정이 필수적이다.

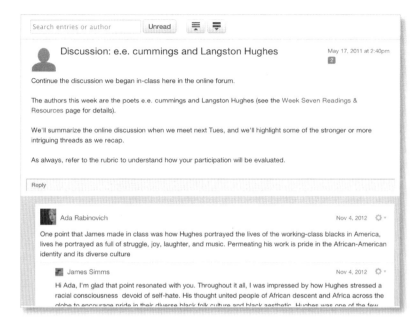

그림 8.4 주제 기반형 토론에 참여하는 학생들

해당 교사는 온라인 토론 참여를 평가하여 점수로 매길 수 있
다. 이 경우, 채점기준표는 기대치를 설정하고 피드백을 제공하
는 데 모두 유용하다(6장 참조).

> **팁**
> 규모가 큰 학급의 경우, 학생들이 각자의 온라인 토론 공간을 가질
> 수 있을 정도의 인원수로 그룹을 나누어라. 그룹 단위로 토론을 하게
> 되면 응답의 반복을 피할 수 있고 학생들이 너무 많은 응답 수에 파
> 묻히는 현상을 방지하며 좀 더 개인적인 참여를 유도할 수 있다.

변형된 활동: 수업 전 Q&A

학생들이 힘들었던 부분 및 그들을 혼란스럽게 만들었던 내용
을 알려주는 개방된 공간으로 매주 혹은 매 레슨마다 온라인 Q

& A 토론방이 개설될 수 있다(그림 8.5). 이를 통해 교사들은 수업을 이끌고 오프라인 모임 시 활동을 계획할 수 있는 중요한 피드백을 제공받는 셈이다.

그림 8.5 일반적인 Q & A 토론방은 집단의 힘을 이용할 수 있고 학급 구성원들과 답을 공유할 수 있도록 해 준다.

수업 전 Q & A 토론방은 선택 사항일 수도 있고 필수 사항일 수도 있다. 토론방에서는 학생들이 어려운 주제나 고민했던 문제와 마주칠 때 그 내용의 포스트를 게재하라고 요청받거나 레슨이 끝나는 시점에 포스트를 게재해서 더 알고 싶은 내용을 공유할 수도 있다.

☑ 학생들이 교실 밖에서도 만날 수 있도록 온라인 공간(예: 토론 게시판, 소셜 네트워크 등)이 활용되고 있다.

오프라인 토론

오프라인 토론은 속도라는 장점을 가지고 있다. 즉 학급 내에서 교사가 토론하겠다고 발표하는 동시에 토론이 시작될 수 있다. 또한 LMS에 로그인할 필요도 없고 주제를 새롭게 만들고 난 후 학생들이 LMS에 로그인해서 방문할 필요도 없다. 또한 오프라인 토론은 자발성이 높다고 인정되고 있으며, 이러한 특성으로 인해 엉뚱한 발상 속에서 유용한 주제를 찾거나 우연한 발견의 행복함을 만날 수도 있다.

오프라인 토론은 물리적 환경 속에서 감각적 요소들이 풍부하게 작용한다는 장점도 가지고 있다. 면대면 토론의 특징으로 인해 각자 보거나 듣는 행위 시 종종 수반되는 인간성 및 감성을 느낄 수 있다. 이 모든 특성이 온라인 토론에서도 생성될 수 있지만 주의 깊게 계획하거나 권장할 필요는 있다.

활동 : 가교 역할의(Bridging) 토론

깊이 있고 학급 전원이 참가하는 학급 토론에 많이 의존하는 과정의 경우, 블렌디드 과정 내 가교(bridging) 포맷은 이상적인 방법이다. 학기 시작부터 학생들은 오프라인 토론에 온라인 토론을 연결하거나 온라인 토론에 오프라인 토론을 연결하는 법을 배우게 된다.

해당 과정의 일정에 나와 있는 주제에 따라 각 오프라인 모임에서는 주제에 대한 유도(guided) 토론이 포함되어 있다. 이러한 활동은 면대면의 모든 장점을 고려한 결과다. 할당된 시간이 끝나는 시점에 교사는 학생들에게 온라인 토론방에서 토론을 계속할 것인지 아니면 확대해서 진행할 것인지 여부를 결정하게끔 한다.

온라인 토론은 위에서 설명한 주제 토론과 매우 유사하며, 오프라인 토론을 한 단계 높은 인지적 단계로 이끌도록 고안되었다. 학급의 수업과 수업 간 시점에 온라인 토론방에서 토론은 계속 진행된다(그림 8.6). 이를 통해 온라인 포맷의 모든 장점을 제공하게 된다.

다음 번 수업에서 만나게 되면 교사는 온라인 토론의 내용을 요약해주거나 특정 포스트 혹은 스레드를 강조해서 피드백 및 추가 정보를 제공해 줄 수도 있다. 이 시점에서부터 새로운 토론 주제가 소개되거나 현 주제로 토론이 계속될 수 있다.

Continue the discussion we began in-class here in the online forum focusing on this week's authors (see this week's *Readings & Resources* page for details).

Use this space to elaborate on points that we didn't spend a lot of time on in class. Return to the texts and consult other works to add additional perspectives.

When we meet in-class next Tuesday we'll wrap up and highlight the more intriguing threads from the online discussion.

As always, refer to the rubric to understand how your participation will be evaluated.

그림 8.6 학급 내 대화와 온라인에서의 대화를 연결하는 온라인 '가교 역할' 토론을 위한 설명

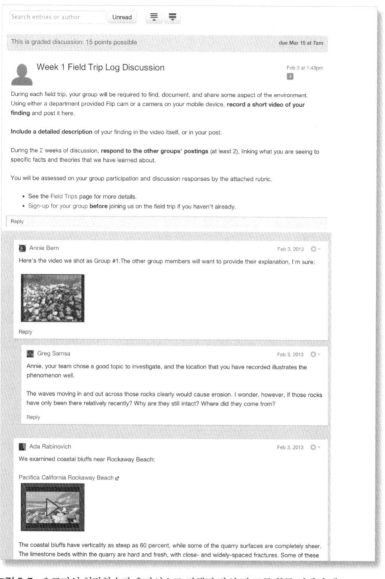

그림 8.7 오프라인 현장학습과 온라인으로 진행된 반성 및 토론 활동 연계의 예

☑ 활동들을 통해 과정의 내용 및 개인 간 커뮤니케이션과 관련된 상호작용이 활발하게 진행된다.

☑ 토론은 온라인의 비동기적 특성과 오프라인의 동기적 특성을 활용하도록 설계된다.

토론 평가

온라인 토론은 주로 학습활동으로 활용되기도 하지만 평가를 위해 학습활동에 대한 증거로써 사용되기도 한다. 몇몇 교사들은 단순히 성적 대장에 기록하는 점수를 가지고 학생들이 토론에 참여한 데 대한 학점을 주기를 원한다. 게재한 포스트의 개수를 바탕으로 자동적으로 점수를 계산할 수 있는 토론방을 LMS가 제공할 지도 모른다(예: 학생들은 주 당 3개의 포스트를 올려야 할 수도 있음). 하지만 이 방법은 품질의 문제 및 상호작용과 참여에 대한 좀 더 객관적인 판단 문제를 다루지 않는다. 이러한 목적을 위해 채점기준표를 이용해서 참여도에 대한 학생 기대치를 설정하고 학생 성적 산출을 용이하게 할 수 있다(그림 6.3).

토론방은 동료 평가가 진행되는 장소가 될 수도 있다(그림 8.8). 일대일 동료 평가 방식 대신 토론방에서 개방된 동료 평가를 통해 학급 내 전원이 각자의 과제에 대한 피드백을 제공하고 받을 수 있다. 집단 중심의 동료 평가에서는 비판이 부드러워지고 건설적인 피드백을 도모하는 긍정적인 사회 압력이 생길 수 있다.

☑ 다른 사람들(학우, 수업에 초청된 연사 등)의 전문 지식을 전수 받기 위해 그들과의 상호작용이 학생들에게 권장된다.

☑ 기준/채점기준표는 특정 과제가 어떻게 평가될 지에 대해 학습자들에게 명확하게 알려주고 있다.

Web Site Map & Task Flow
Jared Stein   Mar 24 at 6:41pm

In our last face-to-face session we workshopped your client's web site definition, objective, and strategy. Now it's time to begin developing the user experience by mapping out the actual web site based on user task flows.

You're responsible for drafting a web site map as described in this week's lesson. Make it professional easy to understand, so your client will quickly get on board. Your site map should be...

1. **User-focused.** Map the key user paths to their destination(s). This gives you an idea of the user experience.
2. **Thorough.** Your client should not be able to see any missing elements.
3. **Logical.** Relationships between pages and objects should be obvious, and paths should be short. To quote Steve Krug, "Don't make me think!"
4. **Meaningful.** Use shapes, colors, connectors (lines), fonts, and text descriptively and consistently.

When we meet face-to-face next week we'll used these web site maps to create user scenarios that will illustrate the task flows.

Create your site map in any media or program that allows for diagramming, such as Microsoft Excel, bubbl.us ⟨⟩, etc.

To submit your assignment you must Reply here and...

- Attach your document (XLS/XLSX, JPG, PNG, or PDF only), *OR*
- Post the assignment to your blog or web site and share the hyperlink

Examples

Here are two examples from previous semesters. One is an "A" the other a "B":

- Project 02 - Y ⟨⟩
- Project 02 - Z ⟨⟩

Don't forget to remind us what your site is about by including the **one sentence** objective and strategy from last week's project.

Ideas for Discussion

As projects begin to be posted, read and respond to at least 2 of your classmates' projects.

Here are some ideas:

- How would you react as a client?
- How would a user accomplish their task? Are their faster routes than those shown in the map?
- Count the number of clicks it would take for a user to get to prime content. Compare that to the number of clicks it takes to get to similar content on competitors' web sites.

그림 8.8 학생들에게 학우들의 과제에 대한 피드백을 제공해 줄 것을 권장하기 위해 토론 방을 통해 이 프로젝트가 제출되었다.

8.5 집단 중심의 학습활동 배치

여러분에게는 좀 더 많은 배치자(weaver)들이 있기 때문에 집단 중심의 학습활동을 배치하는 작업은 종종 쉬워진다. 바로 학생들이 그 역할을 담당하고 있다. 아래에 성공적인 수업 배치를 위한 팁 몇 개가 존재한다.

- **블로깅**. 뛰어난 블로그 포스트를 오프라인에서 강조하거나 좀 더 코멘트가 필요한 블로그 포스트를 지적하라. 학생들에게 강의나 오프라인 활동 내역에 대해 개인적으로 기록한 노트를 블로그에 포스트할 것을 권장하라. 단, 내용은 대략적으로.
- **학급 토론**. 가교 역할 토론은 집단 중심의 학습활동이 오프라인 경험과 온라인 경험 사이에서 어떻게 배치될 수 있느냐를 보여주는 명백한 예시다. 오프라인 토론은 온라인 자원을 활용해야 한다. 특히 학생들이 학급 내에서 인터넷에 접속하는 경우에 그러하다. 온라인 토론은 학생들이 학급 내에서 활동하거나 발견한 내용을 참조할 것을 권장해야 한다.
- **동료 교수법**. 온라인 퀴즈를 시행하는 수업이 진행되기 전에 학생의 숙달도를 평가하라. 복습을 위해 수업 후에 온라인으로 토론 문제를 제공하라.

☑ 온라인 활동들은 오프라인 활동을 참조하고 오프라인 활동과 연관되며, 오프라인 활동들은 온라인 활동을 참조하고 온라인 활동과 연관된다.

8.6 요약 및 기준

집단 중심의 학습활동은 온라인 혹은 오프라인에서 시행될 수 있다. 온라인 토론은 학생들에게 시간에 대한 유용성을 제공해주고 참여 기회를 늘려 준다. 오프라인 토론은 강의 설명 자료상에서 시작될 수 있으며, 온라인에서는 담아내기가 좀 더 어려운 인간성 및 공감대를 제공할 수 있다. 동료 교수법은 에릭 마주르 교수가 만든 개념으로 오프라인에서 시행하기에 적합하게 되어 있다. 왜냐하면 동료 교수법은 학생들 간 동기적 상호작용에 의존하고 있기 때문이다.

하지만 우리는 동기적 상호작용이 웹상에서 화상회의를 통해 가능하다는 사실에 주목하고 있다. 블로깅은 8장에서 설명하고 있는 집단 중심 학습활동으로 면대면 환경에서는 거의 진행되지 않는 것처럼 보인다. 왜냐하면 블로깅은 내용 중심의 학습활동과 집단 중심의 학습활동 사이의 경계를 아우르고 있기 때문이다.

표 8.3 집단 중심의 주요 활동에서 온라인과 오프라인 활동의 장점 요약

활동 유형	오프라인의 장점	온라인의 장점
블로깅		활발한 사고 도모 과제에 대한 연대표 작성 개방된 웹의 온라인 공간에서 게재가 진행
동료 교수법	기술 장벽이 거의 없음 좀 더 효율적 동기적 시행에서 오는 혜택	온라인 투표를 활용 결과를 디지털 방식으로 저장
학급 토론 혹은 그룹 토론	고차원의 '인간성' 자발적인 시너지	시공간적 유연성 반성 및 연구를 도모 접근의 용이성 성적 대장의 통합

☐ 활동들을 통해 학생들은 본인들의 방식으로 사생활을 유지할 수 있다.

☐ 반성 및 반성적 활동들은 과정 내내 진행된다.

☐ 블로그가 사용되는 경우, 해당 블로그는 공유 및 토론을 위해 학습자 소유의 공간으로 제작된다.

☐ 적절한 경우 학습 자원을 공유하도록 학생들에게 권장한다.

☐ 학습자들은 본인의 학습에 대해 때로는 타인의 학습에 대해 책임을 진다.

☐ 학생들이 교실 밖에서도 만날 수 있도록 온라인 공간(예 : 토론 게

시판, 소셜 네트워크 등)이 활용되고 있다.

☐ 활동들을 통해 과정의 내용 및 개인 간 커뮤니케이션과 관련된 상호작용이 활발하게 진행된다.

☐ 토론은 온라인의 비동기적 특성과 오프라인의 동기적 특성을 활용하도록 설계된다.

☐ 다른 사람들(학우, 수업에 초청된 연사 등)의 전문 지식을 전수 받기 위해 그들과의 상호작용이 학생들에게 권장된다.

☐ 기준/채점기준표는 특정 과제가 어떻게 평가될지에 대해 학습자들에게 명확하게 알려주고 있다.

☐ 온라인 활동들은 오프라인 활동을 참조하고 오프라인 활동과 연관되며, 오프라인 활동들은 온라인 활동을 참조하고 온라인 활동과 연관된다.

참고 자료

Diaz, V., & Initiative, E. L. (2010). Privacy considerations in cloud-based teaching and learning environments. ELI Paper 3. Educause. Retrieved from http://net.educause.edu/ir/library/pdf/ELI3024.pdf.

Ebert-May, D., Brewer, C., & Allred, S. (1997). Innovation in large lectures: Teaching for active learning. *BioScience*, 47(9), 601-607.

Foss, Chris. (2012). ENGL 375A2: Disability in literature. Retrieved from http://dislit2012.umwblogs.org.

Garrison, D. R., & Archer. W. (2000). *A transactional perspective on teaching-learning transaction: A framework for adult and higher education*. Oxford: Pergamon.

Garrison, D. R., & Cleveland-Innes, M. (2005). Cognitive presence in online learning: Interaction is not enough. *American Journal of Distance Education*, 19(3), 133-148.

Hall, H., & Davison, B. (2007). Social software as support in hybrid learning environments: The value of the blog as a tool for reflective learning and peer support. *Library and Information Science Research*, 29, 163-187.

Johnson, E. J., & Card, K. (2008). The effects of instructor and student immediacy behaviors in writing improvement and course satisfaction in a web-based undergraduate course. *MountainRise, The International Journal of the Scholarship of Teaching and Learning*, 4(2), 1-21.

Kessler, P. D., & Lund, C. H. (2004). Reflective journaling: Developing an online journal for distance education. *Nurse Educator*, 29(1), 20-24.

McDermott, R. P. (1999). On becoming labelled: The story of Adam. In P. Murphy (Ed.), *Learners, learning, and assessment* (pp. 1-21). London: Paul Chapman Publishing, Ltd.

Sands, P. (2002). Inside outside, upside downside: Strategies for connecting online and face-to-face instruction in hybrid courses. *Teaching with Technology Today*, 8(6). Retrieved from www.uwsa.edu/ttt/articles/ands2.htm.

Vygotsky, L. S. (1996). Development of higher mental functions. In A. N. Leontyev, A. R. Luria, & A. Smirnov (Eds.), *Psychological Research in the USSR*. Moscow: Progress Publishers.

Wenger, E. (c 2007). Communities of practice: A brief introduction. In *Communities of practice*. Retrieved from www.ewenger.com/theory.

미래의 학습 시스템은 온라인과 오프라인 활동이 결합되었느냐의 여부에 따라 차별화되기 보다는 어떻게 결합되었느냐에 따라 차별화될 수 있다.
바바라 로즈 & 카렌 게이지,
『*Global Perspectives on Blended Learning*』

블렌디드 과정의 경험은 오프라인과 온라인 환경에 걸쳐 진행되는 활동 및 평가로 구성되어 있다. 학습 시간의 대부분이 온라인에서 진행되기 때문에 온라인 환경은 학생들이 적절하고 맥락화된 활동에 즉시 참여할 수 있도록 직관적인 항해(navigation)가 가능하게 구성되어야 한다. 또한 온라인 환경에서는 과정에 대한 기대치를 설정하고 참고 자료로서 활용하게 되는 확실하고 명백한 정보를 제공하는 훌륭한 방법이 제공되어야 한다.

해야 할 일

이 시점에서 여러분은 적어도 한 가지의 레슨(목표, 성과, 평가, 활동 등)을 과정 설계 지도 템플릿을 이용하여 세심하게 계획해야 한다. 9장에서는 학습 관리 시스템(LMS)이나 과정 웹 사이트 내에서 본보기 레슨을 설계하기 위한 계획을 활용하도록 도울 것이다.

9.1 본보기 레슨

여러분의 LMS 혹은 과정 웹 사이트 내에서 본보기 레슨을 만들기 위해 앞서 설명했던 역방향 설계 과정(즉, 학습활동으로 이어지는 평가를 설계하기 전에 우선 학습 성과에서 출발)이 먼저 올 수 있다. 그 후, 하나의 본보기 레슨이 과정 내 다른 모든 레슨의 모델 역할을 할 수 있다.

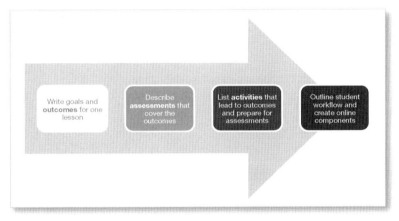

그림 9.1 역방향 설계 과정을 통해 과정의 중요 단위인 본보기 레슨을 제작할 수 있다.

이 책에서 (LMS가 각자 다 다르기 때문에) LMS 내에 본보기 레슨을 제작하는 것에 대한 개별 지도 시간을 제공할 수는 없지만 활동 및 원리를 통해 여러분이 블렌디드 과정 내에서의 활용할 수 있도록 본보기 레슨을 구성할 필요가 있을 것이라고 안내해 줄 수는 있다.

 LMS 목록은 웹 사이트에서 찾을 수 있다. 이 중 교사들에게 무료로 제공되는 서비스도 있다.

모듈 대 폴더

대부분의 LMS는 학습 자료와 활동을 구성하기 위해 '모듈'이나 '폴더' 메타포를 제공한다. 모듈은 레슨에 좀 더 적합하다. 왜냐하면 모듈을 통해 학습 내용, 활동, 평가가 차례로 배열될 수 있는 구조가 만들어 지기 때문이다. 모듈은 학생들이 따라 하기 쉬운 선형 경로를 만든다(그림 9.1).

폴더는 비순차적 콘텐츠에 더 적합하다. 문제 세트나 수집 자료 등이 그 예다(그림 9.2). 폴더 내의 특정 항목을 사용하기 위해서는 학생들에게 명확한 방향이 제시될 필요가 있다.

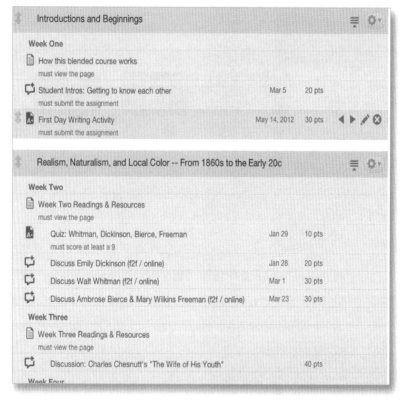

그림 9.2 '모듈'은 과정 내내 학생들을 지도하기 위해 자료 및 활동을 차례로 배열시켜 준다.

레슨 입문을 통해 학생들의 관심 유도 및 소개

각 레슨은 구조 및 흐름을 설명해 주는 도입부로 시작해야 한다. 레슨 입문 페이지는 다음과 같아야 한다.

- 원하는 학습 성과에 현실 세계의 의미를 부여하는 이야기나 사례 연구를 활용해 학생들의 관심을 끈다.
- 질문이나 도전 과제를 제안함으로써 사전에 학생들이 생각하게끔 유도한다.
- 순차적 순서를 나타내는 숫자를 사용해서 해당 레슨에 대한 필수 과업을 개략적으로 설명한다.
- 레슨의 어떤 과업이 오프라인과 온라인에서 시행될 것인지 보여 준다.
- 해당 레슨 내 다음 활동으로 링크를 건다.
- 해당 과정의 홈페이지로 돌아갈 수 있도록 링크를 건다.

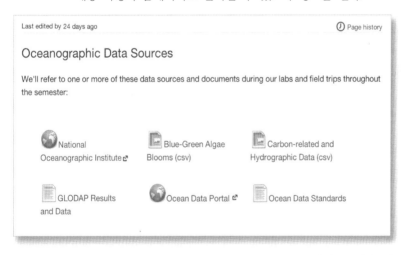

그림 9.3 '폴더' 혹은 '페이지'는 체계적이지만 순차적이지 않은 자료들에 링크를 걸어둔다.

팁

비디오를 비롯한 기타 멀티미디어를 레슨 입문 페이지에 삽입하는 것은 학생들의 관심을 끌고 어떤 과목에 대한 기존의 지식을 끌어내며 해당 레슨과 현실 세계가 어떻게 연결되는지 학생들에게 이해시키는 데 좋은 방법이다.

팁 레슨을 듣는 동안 f2f 혹은 웹 등 간단한 방식으로 활동을 표시해둠으로써 어디에서 학생들의 참여가 일어날 것으로 예상하고 있는지 학생들이 알 수 있다.

레슨 입문은 간결하고 쉽게 이해될 때 가장 효과적이다. 과정 웹 사이트 전체, 특히 설명을 제공하는 부분에서는 문체가 명쾌하고 간결하며 핵심적이어야 한다. 프로세스 내에서 과업이나 단계가 제공될 때마다 순서 혹은 우선순위를 나타내기 위해 숫자가 사용되어야 한다.

- ☑ 레슨은 이야기나 사례 연구, 질문, 도전 과제 등으로 시작해서 학생들의 관심을 끌고 성과를 의미 있게 만든다.
- ☑ 입문 및 요약은 단원의 처음과 끝에서 제공된다.
- ☑ 설명과 요구 사항은 간단명료하고 논리적으로 제시된다.
- ☑ 문체는 명확하고 간결하며 직접적이다.
- ☑ 과업 혹은 프로세스 내에서 순차적 단계를 나타내기 위해 숫자가 사용된다.

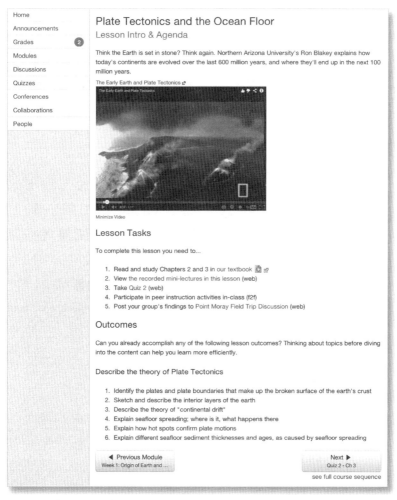

그림 9.4 레슨 도입 페이지는 학생들이 어떻게 레슨을 진행해야 하는지 알려준다.

하이퍼링크 배치

하이퍼링크는 웹의 특성이다. 어떤 웹 페이지와 다른 웹 페이지를 연결하거나 관련 및 연결되어 있거나 심지어는 차이를 보이는 웹 사이트와 연결함으로써 하이퍼링크는 정보의 규모를 늘려 나간다.

블렌디드 과정에서는 하이퍼링크를 통해 학생들이 해당 과정의 한 부분에서 다른 부분으로 항해하거나 단순히 어떤 활동이 과거 혹은 미래의 활동들과 관련 있는지 알아보는 일이 쉬워진다. 이 책에서는 여러분이 개설한 블렌디드 과정 웹 사이트 전체에서 인터넷 항해를 지원하는 **관련** 하이퍼링크를 사용하는 것을 권장하는 바이다.

몇몇 LMS에서는 여러분이 선택해서 클릭할 수 있는 과정의 주제 및 활동들에 대한 색인을 제공함으로써 해당 과정 웹 사이트의 다른 부분으로 연결되는 것이 쉬워졌다. 어떤 웹 페이지에서는 문서 편집기 덕분에 여러분은 링크나 웹 페이지를 해당 콘텐츠에 직접 복사하여 붙여넣기(copy and paste)를 하거나 끌어놓기(drag and drop) 할 수 있다. 여러분이 HTML을 알아야 한다고 요구하는 경우는 거의 없다.

연구 노트

게르빅(2009)은 토론으로 연결되는 주별 주제 혹은 과정 콘텐츠, 진도 혹은 수행 결과에 대한 교사의 피드백, 면대면 모임에서 시행되는 실습 등 (블렌디드 과정의) 구성 요소 간에는 강력한 상호작용이 있어야 한다고 강조하고 있다.

여러분의 LMS 혹은 웹 사이트가 제공하는 문서 편집기를 실험해 보면 과정 중 하이퍼링크를 만드는 일에 자신감이 생길 것이다.

☑ 학습 자료들은 평가가 오프라인 혹은 온라인에서 언제 시행되는지를 지속적으로 알려준다.

☑ 과정의 학습 자료 및 참고 자료에 직접 링크되어 있다.

Lesson Tasks

Before getting into this week's lesson, you'll need to

1. Introduce yourself on the Introductions discussion forum (web)
2. Sign up for a Field Trip group (web)

Then, in order to successfully complete this lesson, you should:

1. Read and study Chapters 1 and 2 in our textbook
2. Take Quiz 1
3. Participate in peer instruction activities (f2f)
4. Join your group members for the Point Moray field trip (f2f)
5. Post your field trip findings to Week 1 Field Trip Discussion (web)

그림 9.5 하이퍼링크는 인터넷 항해를 쉽게 해주고 맥락을 제공한다.

레슨 활동을 온라인에서 구성하기

블렌디드 과정 내 레슨 입문 페이지는 온라인 혹은 오프라인에서 학생들이 완수해야 할 활동들을 명확하게 설명하고 있다. 레슨의 나머지 부분은 아래와 같은 개요를 바탕으로 온라인에서 쉽게 제작될 수 있다.

우선, 레슨의 각 구성 요소를 업로드하거나 제작해야 할 것이다.

- (필수 읽기 자료나 오프라인 활동을 위한 보충 자료 등의) **자료들**은 해당 과정의 파일 저장소에 업로드된다.
- 자료와 참고 문헌, 활동 등을 구성하고 문맥화를 위해 **페이지**가 구성된다.
- (토론방, 과제, 자기평가, 실습 경험 등) **학습활동**들은 명쾌한 설명과 함께 제작된다.
- 드롭 박스, 퀴즈 등을 활용한 과제 같이 온라인 툴을 활용한 **평가**가 제작된다.

그 후, 위와 같은 레슨의 구성 요소들을 **순차적으로** 구성하라. 활동 유형별로 위 구성 요소를 구성하는 것은 흔히 저지르는 실수다. 왜냐하면 순차적 구성으로 인해 순차적으로 진도가 나가는 것이 아닐 뿐 아니라 실제로는 레슨 내내 학생들의 학습 진도를 방해할 수 있기 때문이다.

☑ 콘텐츠의 구성 요소들은 논리적인 순서에 따라 제공된다.

9.2 **허브 역할을 하는 과정 홈페이지**

학생들은 왜 과정 웹 사이트에 접속할까? 항상 그 목적은 바로 아래와 같이 과업을 수행하기 위해서다.

● 과제에 대한 피드백이나 점수를 확인하기 위해서
● 학습활동을 하기 위해서
● 평가를 완료하기 위해서

블렌디드 과정의 홈페이지는 **학생들이 홈페이지를 방문하는 시점에 어떠한 종류의 과업이라도 그들에게 가장 적절하다**는 사실을 알려 주어야 한다. 예를 들면, 해당 홈페이지는 아래의 내용을 포함하고 있을 수도 있다.

● 전체 과정 일정 혹은 레슨의 완성 목록, 활동 및 평가에 대한 하이퍼링크도 포함(그림 9.6)
● 현재 진행 중인 레슨에 대한 정보(그림 9.7)
● 정규적인 매주 과업에 대한 체크리스트, 오프라인 모임도 포함(그림 9.8)
● 과정 내 최근 활동에 대한 역동적 리스트(새로운 토론이나 피드백)

일반적으로 학생들은 홈페이지를 방문할 때마다 홈페이지 이곳 저 곳을 둘러보아야 한다는 사실을 기억하라! 따라서 일반적인 학급 소식이나 강의계획서에 좀 더 적합한 내용인 (환영 인사 등의) 1회성 정보나 (과정 요약, 목표, 필요조건 등의) 과정 기본 정보를 보느라 홈페이지에서 시간을 낭비하지 않도록 하라.

☑ 과정 웹 사이트는 학생들이 학습 목표를 향해 나아갈 수 있도록 지도하고 안내하도록 구성되어 있다.

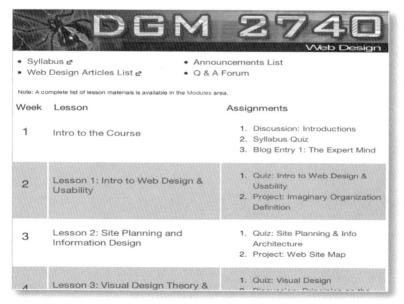

그림 9.6 상기에 나와 있는 과정 홈페이지는 매주 활동에 대한 일정이 나와 있다.

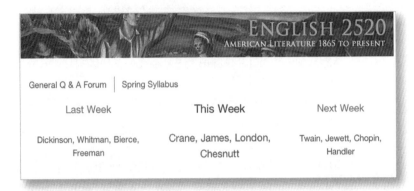

그림 9.7 상기에 나와 있는 과정 홈페이지 화면은 학생들의 관심을 현재 주간에 진행되고 있는 레슨에 맞추고 있다.

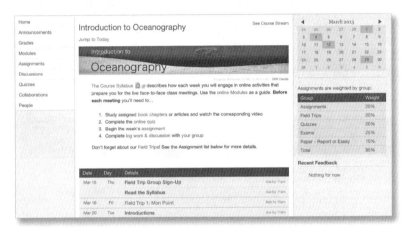

그림 9.8 상기에 나와 있는 과정 홈페이지 화면은 학생들이 진행해야 할 정규 과업 및 주별 과업에 초점을 두고 있다.

9.3 과정의 처음부터 끝까지의 유용성

우리는 학생들이 해당 과정의 웹 사이트를 둘러보거나 온라인 툴을 다루는 데 시간을 소비하지 않고 학습에 쓰기를 원하기 때문에 웹 페이지의 자료들이 유용성을 염두에 두고 제작되는 것은 중요하다. 이 작업은 어떠한 과정 설계자들에게라도 어려운 일이 될 수 있다. 왜냐하면 설계자들 입장에서는 본능적으로 본인들의 설계를 이해하기 쉽기 때문에 우리에게도 단순하게 보일 것이라고 판단되기 쉽다. 하지만 모든 사람 특히 웹 페이지를 처음 접하는 학생들에게는 간단하지 않다.

유용성을 위한 주요 원리는 **가능한 한 간단하고 단순하게 모든 웹 페이지의 자료를 만드는 것**이다. 유용성의 대가인 스티브 크럭(2006)은 "내가 생각하도록 만들지 말라."라고 말했다. 이 명언은 특히 과정 웹 사이트에 적절하다. 왜냐하면 우리는 학생들이 인터페이스가 아닌 **과목** 자체를 생각하는 데 시간을 소비하기를 바라기 때문이다.

유용성을 고려하면서 웹 페이지를 설계하기 위해 꼭 유용성 분야의 전문가가 될 필요는 없다. 두 가지 간단한 실습을 통해 여러분은 학습경험을 활용할 수 있는 설계를 하게 될 것이다.

- **해당 과정의 웹 사이트에서 작업하거나 레슨을 듣고 있는 학생 중 가장 어려움을 겪고 있는 한 명을 생각해 보라.** 그 학생은 아무 생각 없이 어디로 가야 하는지를 알게 될까? 다음에 무엇을 해야 하는지가 항상 명확할까?
- **몇몇 사람들에게 해당 사이트를 테스트해 보도록 하라.** 이미 주제 분야에 대한 전문가이거나 경험이 많은 교사인 동료들이 아닌 학생이나 친구, 가족 등을 활용해 보라. 여러분은 어깨 너머로 시험 광경을 볼 수는 있지만 실험자들이 하는 행위에 관여하지는 말 것! 단지 그들에게 하나 혹은 두 개의 레슨을 진행하기 위한 방법을 찾고 그 과정에서 흐름을 방해하거나 이해가 되지 않는 부분은 어떤 것이라고 적어달라고 요청하라.

다른 사람들로부터 받은 피드백을 바탕으로 해서 해당 과정의

웹 사이트 설계나 학습활동을 위한 설명까지도 변경할 계획을
세워라. 또한 10장에서 블렌디드 과정을 위해 조언하고 있는 교
육용 조사를 통해 유용성에 대한 질문을 포함하는 것을 여러분
이 원하게 될 것이다.

☑ 해당 과정의 웹 사이트는 관련 활동까지 접근하는 학생들의 항해를
위해 가장 짧은 경로를 제공한다.

☑ 해당 과정의 웹 사이트는 유용성에 대한 주요 문제를 밝히기 위해
비전문가들에 의해 테스트를 받는다.

9.4 블렌디드 과정의 강의계획서 작성

이 책에서 사용되는 역방향 설계 모델의 경우 블렌디드 과정
의 강의계획서 문서를 작성하는 일이 아직 남아 있다. 기존의
강의계획서를 가지고 시작한다고 해도 블렌디드 과정의 강의계
획서는 아주 다르게 구성되어야 한다는 점을 발견하게 될 것이
다. 하지만 좋은 강의계획서를 작성하기 위해 필요한 내용을 5~8
장에서 기초부터 다루었기 때문에 블렌디드 과정 강의계획서의
대부분을 이제 쉽게 작성할 수 있을 것이다.

어떤 강의계획서가 훌륭한 강의계획서냐에 대한 해석이 여러
개 존재하는 것처럼 강의계획서를 작성하는 방법도 여러 가지다.
우리가 특정 과정의 강의계획서는 현재 계획 중인 과정을 반영
해야 한다고 생각하고 있고, 과정을 블렌딩하는 작업은 평가 및
활동에 대해서 극적으로 재설계하는 과정을 거치기 때문에 과정
그 자체로써의 블렌디드 과정 강의계획서를 작성하는 것은 당연
한 일이다.

몇몇 요소들이 항상 강의계획서의 기반이 될 것이고 단일 블렌디드 레슨이 설계되기 전에는 추가될 수 있다.

- 과정에 대한 기술(5장)
- 과정 목표(5장)
- 필요조건 혹은 기본적인 지식(있는 경우)
- 교사와 연락하는 방법
- 채점 제도
- 과정 정책(예 : 표절, 부정행위 등에 대한 결과)
- 학교에서 상담 교사나 기술적 도움을 위한 연락처

기술 지원 및 기술적 도움

학생들이 어떻게 기술적 도움을 받을 수 있는지 반드시 설명하라. 이 작업은 기술에 많이 의존하는 어떠한 과정에서도 중요하다. 학생들에게 교내의 기술 지원부서나 원격 교육 업무 지원 센터를 알려줄 수 있다. 제도적으로 기술적 도움을 제공하는 일이 가능하지 않은 경우, 본인이 기술적 질문을 처리하기 위해 준비해 둘 수도 있다. 가능한 경우라면 (1) LMS나 웹 사이트 이용에 대한 온라인 튜토리얼 혹은 가이드로의 링크를 제공하거나 (2) '학생 멘토(Students Helping Students)' 제도를 만들거나 학생들이 기술적 혹은 과정 관련 질문에 대한 포스트를 게재하고 답을 하게끔 되어 있는 'Q & A' 토론방을 만들어서 기술적 도움을 좀 더 쉽게 받을 수 있도록 하라.

팁

학생들에게 기술 결함에 대한 **계획**을 세우도록 해서 기술 결함으로 인해 놀라지 않도록 하라. 기술 결함은 어떤 시점에 누구에게라도 일어날 수 있지만, 과제를 일찍 제출한다거나 기술 결함 시 누구에게 연락해야 하는지를 알고 있거나 '차선책(Plan B)'을 생각하는 등 기술 결함에 대비하게 되면 기술 고장이 재앙으로 번지는 것을 방지할 수 있다.

기타 요소들은 레슨을 설계하거나 반복하면서 나중에 추가할

수 있다. 예를 들면,

- 주별 주제에 대한 **일정**
- 일반적인 주간 혹은 레슨에 대한 **개요** 혹은 **자세한 설명**
- 정기적 활동 및 평가에 대한 **일반적 기술**
- 학생 참여에 대한 **교사의 기대치**

상기 요소들은 블렌디드 과정 내에서 특별히 주의를 기울일 필요가 있다. 왜냐하면 학생들은 오프라인에서 어떤 활동이 시행되고 온라인에서 무슨 일이 발생할 지에 대해 명확하게 이해할 필요가 있기 때문이다.

☑ 연락처, 개요, 요건, 가이드라인 등을 포함하는 강의계획서는 해당 강의의 시작부터 강의가 진행되는 내내 볼 수 있다.

☑ 강의계획서에 나온 일반 레슨에 대한 개요 및 자세한 설명을 토대로 학생들은 학급의 진행 흐름대로 학습을 진행한다.

☑ 상담 교사나 기술적 도움을 받기 위한 연락처가 강의계획서 내에 나와 있다.

과정 일정

몇몇 LMS에서는 여러분이 제작한 제출일 지정 과제 및 행사를 바탕으로 과정 일정이 자동적으로 생성될 것이다(그림 9.8). 이 경우, 쓸데없이 시간 낭비하지 말고 2차 일정을 구상하라.

자동적으로 일정이 생성되지 않는 경우에는 주제별이나 주별 단위로 스캔하기 쉬운 포맷을 이용해서 일정을 준비하라. 블렌디드 과정 일정에는 다음의 내용이 포함되어야 한다.

- 다루는 주제
- 오프라인 모임에 대한 일시
- 온라인에서 행해지는 특정 활동
- 평가 등 학생들이 시행해야 하는 작업

온라인 일정 내에 하이퍼텍스트를 활용해보라. 그러면 콘텐츠, 활동 혹은 평가가 필요할 때 직접 연결할 수 있다(그림 9.2, 9.4, 9.6).

일정을 보면 해당 블렌디드 과정 전체에 대한 세부 사항을 알 수 있지만, 일반 레슨에 대한 자세한 설명 속에서도 요약된 일정을 볼 수 있다.

일반 레슨에 대한 개요

블렌디드 과정마다 경험하는 내용이 각기 다를 수도 있기 때문에 강의계획서 안에 일반 레슨에 대한 개요 혹은 자세한 설명을 제공하게 되면 학생들이 정규 과정의 수업 흐름 및 기대치를 예상하기가 쉬워진다.

레슨에 대한 개요는 다음과 같아야 한다.

- 오프라인 활동과 온라인 활동이 어떻게 연관되는지 설명되어야 한다.
- 매주 혹은 매 레슨마다 학생들이 어떤 경험을 하게 될지에 대해 기술되어 있어야 한다.
- 하나의 레슨이 다른 레슨들과 어떻게 연관되는지 설명되어 있어야 한다.

웹 디자인의 블렌디드 과정 강의계획서에서 발췌해 온 레슨 개요에 대한 예시를 살펴보자.

과정 진행 방법 : 1주 = 레슨 1개

블렌디드 과정에서는 각 레슨이 1주일 단위로 운영되며 매주 화요일 시작해서 그 다음 주 월요일 밤 11시 59분에 끝난다.

매주 목요일 면대면 모임이 진행된다. 면대면 모임에서는 어려웠던 레슨 주제에 대해 토론하고 개별 프로젝트 중 어려웠던 부분에 대해 해결책을 찾아볼 것이다. 본인이 직접 강의하지는 않지만 각 모임 때마다 여러분이 활발하게 참여할 수 있도록 지도할 수 있다.

오프라인 모임 이외의 활동은 온라인에서 시행되며 학우들과 협력하여 시행되거나 개별 활동일 수 있다. 해당 과정의 웹 사이트에서는 레슨 내의 활동들에 대해서 상세하게 나와 있다. 각 레슨에서의 필수 활동은 아래와 같다.

● 간단한 자기평가가 포함되어 있는 **독서 및 비디오 시청.** 상기 자료들을 매주 목요일 오프라인 모임이 있기 전까지 공부하라.
● 레슨에서 배운 자료를 복습하기 위한 **퀴즈.** 여러 번 응시 가능하다. 목요일 오프라인 모임 전 온라인상에서 퀴즈를 완료하라.
● 실제 상황과 동일한 실습을 통해 레슨에서 배웠던 지식을 활용할 수 있도록 해 주는 **프로젝트.** 목요일 오프라인 모임 전 각 프로젝트를 시작하라. 그리고 월요일 자정까지 온라인 토론방에 제출하라.
● **프로젝트 토론방**에서 여러분은 (1) 프로젝트를 공유하고 (2) 동료가 프로젝트를 진행할 수 있도록 격려해주고 동료의 프로젝트에 대한 피드백을 제공한다. 해당 주마다 토론에 참가하라.

매주 오프라인 모임 전에 퀴즈를 완료하고 프로젝트 토론에 참가하는 일이 매우 중요하다. 이 과정은 면대면 모임의 초점을 각 모임 때마다 발견되는 난제 및 도전과제에 둘 것이다.

이 과정은 **종합 기말 시험**을 치고 **총괄 기말 프로젝트**를 마무리하고 나면 완료된다.

개요는 위에 나온 예시처럼 간단하게 글로 쓰여 있을 수도 있지만, 해당 과정의 웹 사이트를 탐색하는 방법을 보여주고 오프라인 활동이 언제 어떻게 배치되는지에 대해 설명해 주기 위해 비디오 스크린캐스트로 제작될 수도 있다(7장 참조).

정기적 활동 및 평가에 대한 기술

일반 레슨에 대한 개요의 연장선상으로 블렌디드 과정의 강의계획서는 정기적 활동 및 평가 각각에 대해서 유형별로 설명을 제공한다(예 : '온라인 토론' 혹은 '자가 진단퀴즈' 등). 강의계획서 상의 기술을 바탕으로 학생들이 **일반적으로** 온라인과 오프라인에서 무엇을 기대해야 하는지 설명해 줄 수 있다(LMS 내에 특정 활동 및 평가 페이지에 대한 상세한 설명을 저장). 이러한 설명에는 성적에 반영되는 과제를 언제 어디서 어떻게, 온라인 혹은 오프라인에서 제출해야 하는지에 대한 내용이 포함된다.

또한 강의계획서상에 오프라인에서 시행되는 어떤 활동이 온라인에서 시행되는 활동들과 어떻게 연관되는지, 그리고 온라인 활동이 어떻게 오프라인 활동과 연관되는지 설명되어야 한다.

☑ 성적에 반영되는 활동 전부는 강의계획서 내에 거짓 없이 나와 있다.

☑ 성적에 반영되는 과제의 제출 방식이 명확하다.

학생 참여에 대한 교사의 기대치

웹상의 학습 자료와 상호작용이 되는지, 그룹 구성원들과 의사소통을 하는지, 오프라인 학급 활동이나 토론에 참여하는지 등 학생 참여에 대한 교사의 기대치를 명확하게 설명하라. **블렌디드 과정에서는 학생들이 좀 더 자율적**이어야 하고 학생들 본인이 편리한 시간에 맞추어 학습경험을 더 통제해야 하기 때문에 기대치에 대한 설명을 제공하는 일은 중요하다. 학생들은 여러 주 동안 조금 느슨하게 구성되어 있는 블렌디드 과정 내에서 성공적인 학습을 위한 습관을 길러둘 필요가 있다. 블렌디드 과정은 면대면 과정이나 온라인 과정과 동일한 학습량으로 구성되어 있어야 한다는 사실을 학생들에게 설명하라. 또한 각 레슨 내에 배치된 각각의 활동마다 얼마만큼의 시간을 소비해야 하는지에 대해 가능한 한 명확하게 설명하라. 여러분은 강의계획서 내의 레슨 개요나 레슨 입문 페이지에서 예상 소요 시간에 대해 명시할 수 있다.

예상 소요 시간

학생들은 블렌디드 과정을 위해 주당 9~12시간 정도를 소요할 것으로 예상해야 한다. 주마다 소요 시간이 달라질 수는 있지만 일반적인 경우 소요 시간은 다음과 같다.

- 레슨에 대한 오리엔테이션(온라인) : 1시간 미만
- 독서(온라인, 교과서) : 2~3시간
- 온라인 강의 및 프레젠테이션 시청(온라인) : 2시간 미만
- 공부 및 독서 퀴즈(온라인) : 1시간 미만
- 오프라인 활동(면대면) : 1시간
- 랩 작업 및 과제 완료(온라인, 오프라인) : 2~3시간

교사에 대한 학생의 기대치

교사는 커뮤니케이션 방식, 일반적인 응답 시간, 피드백의 양 등 학생들이 해당 교사로부터 무엇을 기대할 수 있는지에 대한 간략한 설명이 포함되는 것을 원하기도 한다. 이를 통해 학생들은 당신이 학생들에게 열의를 보이는 교사가 될 것이라고 생각하게 해 줄 뿐 아니라 많은 학생들을 상대하는 한 명의 교사로서 당신이 할 수 있는 일에 대한 한계도 이해하게 될 것이다.

☑ 강의계획서에는 학생 참여도에 대한 기대치가 나와 있다.

☑ 학생들은 교사로부터 피드백을 받는 시기와 방법에 대해 알고 있다.

채점 제도

학생에 대한 교사의 기대치는 해당 과정 및 그에 따른 레슨의 목표 및 성과로 설명되기도 하고 교사가 강의계획서에 일반적인 문장으로 서술하기도 한다. 하지만 교사의 기대치는 과정 중 학생들의 수행 결과를 나타내는 채점 제도를 통해 그 기준이 세워지기도 한다. 채점 제도는 백분율이나 척도 점수(scaled numeric score), 문자등급 성적(letter grade) 등으로 표현될 수 있다.

백분율의 경우는 채점 제도의 가장 기본적인 종류이며, 많은 교사들이 최종 백분율을 계산하기 위해 항목별 누계 점수(weighted category)를 사용한다(표 9.1).

표 9.1 항목별 누계 점수는 가장 중요한 평가 활동을 반영해야 하며 최종 점수는 100퍼센트다.

범주	퍼센트
참여	15%
퀴즈	15%
프로젝트	40%
시험	30%
합계	100%

최종 성적을 내기 위한 항목별 누계 점수는 과학이라기보다는 예술에 가깝지만 해당 과정의 목표 및 성과를 반영해야 한다. 과정의 목표 및 성과라는 것은 과정이 끝난 시점에 학생들이 무엇을 알아야 하고 어떻게 행동해야 하는지에 대한 설명이라는 점을 명심하자. 따라서 학생들이 성취해 낸 결과를 증명하기 위

한 최상의 증거를 제공하는 평가에 중점을 두라.

블렌디드 과정에서는 면대면 과정에서 측정할 수 없었던 요소들을 평가하기가 더 쉽다고 느낄 수도 있다. 예를 들어, 블렌디드 과정에서는 학급이 온라인과 오프라인에서 과정에 참여한다. 온라인 참여는 해당 과정의 웹 사이트에 기록되며, 양과 질적인 측면에서 정량화될 수 있다. 이러한 특징을 통해 교사들은 학급의 참여 여부가 학생 수행의 중요한 요소인 경우 확신을 갖고 참여와 관련된 요소에 좀 더 무게를 둘 수 있다.

퀴즈 등의 다른 요소들을 6장 및 7장에서 소개된 온라인 자기 형성평가(formative self-assessment)로 변형하는 경우, 블렌디드 과정에서 이들의 중요성은 떨어질 지도 모른다. 퀴즈 결과가 학생들 개개인의 학습 내용을 반영한다는 확신이 낮은 경우라면 온라인 퀴즈에 실리는 힘이 줄어드는 것은 당연한 현상이다. 하지만 퀴즈는 여전히 중요한 단계 및 실습 기회로서의 목적을 수행할 수 있다.

온라인 성적 대장은 교수(teaching)와 학습(learning) 모두를 지원한다. 즉, 교사들은 평가 및 활동에 대한 학생들의 수행 결과를 손쉽게 녹화할 수 있고 학생들은 원할 때마다 본인들의 발전 과정을 추적해 볼 수 있다.

☑ 채점 기준이 해당 과정의 강의계획서와 과제 혹은 활동 자체에서 그 개요가 설명되어 있다.

☑ 성적에 반영되는 요소와 최종 학점 간의 관계는 명확하다.

요약 및 기준

블렌디드 과정은 철저한 준비가 필요하고 사용하기에 편리한 온라인 환경에 의존하고 있다. 블렌디드 과정의 홈페이지는 허브 역할을 하면서 관련된 레슨 활동에 학생들이 바로 뛰어들 수 있도록 해 주어야 한다. 레슨에서는 학생들에게 온라인 및 오프라인 학습 경로를 명확하게 제시해 주어야 한다. 하이퍼링크를 현명하게 활용해서 학생들이 중요하지 않은 콘텐츠로 인해 산만해지지 않도록 주요 활동으로의 접근을 용이하게 해 주어야 한다.

학생들이 학습 과업에 집중한 상태를 유지시켜 주는 일은 블렌디드 설계의 유용성 측면에서 진행된다. 교사들은 블렌디드 과정의 웹 사이트 내에서 활동들을 설계하고 배치할 때 해당 학생들의 경험에 초점을 두어야 하며, 학생들에게 피드백을 받아 유용성을 점검해 보아야 한다.

블렌디드 과정을 위한 역방향 설계 모델의 마지막 단계는 강의계획서를 작성하는 일이다. 블렌디드 과정의 강의계획서는 과정에 대한 기본적인 정보를 넘어서서 세부적이면서 하이퍼링크로 연결된 일정, 일반 레슨에 대한 개요 혹은 자세한 설명, 활동에 대한 기술, 학생 기대치, 재설계된 블렌디드 과정의 평가 방식에 적절하게 누적 채점 제도 등의 정보가 포함되어 있다.

☐ 레슨은 이야기나 사례 연구, 질문, 도전 과제 등으로 시작해서 학생들의 관심을 끌고 성과를 의미 있게 만든다.

☐ 입문 및 요약은 단원의 처음과 끝에서 제공된다.

☐ 설명과 요구 사항은 간단명료하고 논리적으로 제시된다.

☐ 문체는 명확하고 간결하며 직접적이다.

☐ 과업 혹은 프로세스 내에서 순차적 단계를 나타내기 위해 숫자가 사용된다.

☐ 학습 자료들은 평가가 오프라인 혹은 온라인에서 언제 시행되는지를 지속적으로 알려준다.

☐ 온라인 활동들은 오프라인 활동을 참조하고 오프라인 활동과 연관되며, 오프라인 활동들은 온라인 활동을 참조하고 온라인 활동과 연관된다.

☐ 학습 자료들은 평가가 오프라인 혹은 온라인에서 언제 시행되는지를 지속적으로 알려준다.

☐ 과정의 학습 자료 및 참고 자료에 직접 링크되어 있다.

☐ 콘텐츠의 구성 요소들은 논리적인 순서에 따라 제공된다.

☐ 과정의 웹 사이트는 학생들이 학습 목표를 향해 나아갈 수 있도록 지도하고 안내하도록 구성되어 있다.

☐ 해당 과정의 웹 사이트는 관련 활동까지 접근하는 학생들의 항해를 위해 가장 짧은 경로를 제공한다.

☐ 해당 과정의 웹 사이트는 유용성에 대한 주요 문제를 밝히기 위해 비전문가들에 의해 테스트를 받는다.

☐ 연락처, 개요, 요건, 가이드라인 등을 포함하는 강의계획서는 해당 강의의 시작부터 강의가 진행되는 내내 볼 수 있다.

☐ 강의계획서에 나온 일반 레슨에 대한 개요 및 자세한 설명을 토대로 학생들은 학급의 진행 흐름대로 학습을 진행한다.

☐ 상담 교사나 기술적 도움을 받기 위한 연락처가 강의계획서 내에 나와 있다.

☐ 성적에 반영되는 활동 전부는 강의계획서 내에 거짓 없이 나와 있다.

☐ 성적에 반영되는 과제의 제출 방식이 명확하다.

☐ 강의계획서에는 학생 참여도에 대한 기대치가 나와 있다.

☐ 학생들은 교사로부터 피드백을 받는 시기와 방법에 대해 알고 있다.

☐ 채점 기준이 해당 과정의 강의계획서와 과제 혹은 활동 자체에서 그 개요가 설명되어 있다.

☐ 성적에 반영되는 요소와 최종 학점 간의 관계는 명확하다.

참고 자료

Amaral, K. E., & Shank, J. D. (2010). Enhancing student learning and retention with blended learning class guides. *Educause Quarterly*, 33(4), n4.

Aycock, A., Garnham, C., & Kaleta, R. (2002). Lessons learned from the hybrid course project. *Teaching with Technology Today*, 8(6).

Gerbic, P. (2009). Including online discussions within campus-based students' learning environments. In E. Stacey & P. Gerbic (Eds.), *Effective blended learning practices: Evidence-based perspectives in ICT-facilitated education* (pp. 21-38). Hershey, NH: Information Science Reference.

Grigorovici, D., Nam, S., & Russill, C. (2003). The effects of online syllabus interactivity on students' perception of the course and instructor. *Internet and higher education*, 6(1), 41-52.

Krug, S. (2006). *Don't make me think! A common sense approach to web usability* (2nd Ed.). Upper Saddle River, NJ: New Riders.

McGee, P., & Reis, A. (2012). Blended course design: A synthesis of best practices. *Journal of Asynchronous Learning Networks*, 16(4), 7-22.

Niederhauser, D., Reynolds, R., Salmen, D., & Skolmoski, P. (2000). The influence of cognitive load on learning from hypertext. *Journal of Educational Computing Research*, 23(3), 237-255.

Ross, B., & Gage, K. (2006). Global Perspectives on Blended Learning. *The handbook of blended learning: Global perspectives, local designs*, 155.

10장 블렌디드 과정의 지속적 개선

우리가 시작이라고 부르는 것은 종종 끝이며
끝을 낸다는 것은 시작한다는 것을 의미한다.
끝은 우리가 시작하는 부분...

T. S. 엘리엇, 『Four Quarters』, V

10.1 프로세스 중 개선 부분

블렌디드 과정 설계의 모든 단계와 마찬가지로 교사들은 과정을 개선할 때도 작게 시작하고 단순하게 만들며 교사와 학생 모두에게 익숙한 기술을 사용해야 한다. 이를 통해 효력이 있는 블렌디드 과정이 제작될 것이고, 그에 따라 여러분은 블렌디드 과정을 가르치기 시작할 수 있다.

여러분이 블렌디드 과정을 진행할 때, 초기부터 정기적으로 블렌디드 과정을 개선시켜야 한다. 이 과정은 여러분이 블렌디드 과정 내에서 오프라인 방식을 선택하느냐 온라인 방식을 선택하느냐에 따라 학습 목표 및 성과에 도달할 수 있는 학생의 능력에 영향을 끼치기 때문에 중요하다. 계속 진행되는 개선 작업의 지향점은 다음과 같다.

- **학습활동 및 평가를 개선**하면 학생들의 학습 성과가 향상된다.
- 학생들을 위해 **웹 사이트를 쉽게 만들어서** 학생들이 학습을 진행할 때 메커니즘을 파악하는 데보다 학습에 좀 더 초점을 두게 된다.

● 교사들을 위해 **학급 관리 과업** 및 평가 과정을 **단순화시켜서** 좀 더 많은 시간을 학생들과 의미 있는 상호작용을 하는데 쓸 수 있다.

현재 진행 중인 개선 작업은 다음의 3단계를 기준으로 주기가 돌아간다(그림 10.1).

● 블렌디드 과정 설계와 학생을 **연관**
● 블렌디드 과정을 이용해 학생의 성공 여부를 **평가** 및 해당 설계가 성공 혹은 실패한 원인 이해
● 평가를 통해 발견한 내용을 바탕으로 새로운 버전 혹은 개정본 **설계**

이 모델은 처음부터 모든 것이 '똑바로' 되어 있어야 한다는 압박감을 줄여주고 블렌디드 과정 설계를 위한 기준이 좀 더 잘 실행될 수 있는 기회를 제공하며, 이 과정은 학습에 긍정적으로 학습에 영향을 끼쳐야 한다. 교육 효과에 대해서 가장 잘 이용할 수 있는 정보를 바탕으로 조금씩 개정하게 되면 설계의 어떤 부분이 학습 성과에 긍정적으로 영향을 끼치게 되는지 알 수 있는 최고의 기회를 여러분에게 제공해 줄 수 있을 것이다.

10장에서는 여러분이 매학기 블렌디드 과정을 완벽하게 점검할 필요 없이 계속적으로 개선 작업을 지원하는 습관을 어떻게 키울 수 있는지에 대해 기술하고 있다.

해야 할 일

이제 여러분은 한 개 이상의 본보기 레슨과 블렌디드 과정에 대한 강의계획서 계획안을 가지게 되었다. 여러분이 설계하는 과정의 나머지 부분을 구상하려면 다른 레슨의 모델로서 여러분이 지금 가지고 있는 레슨 본보기를 활용하라. 학생의 수행 결과를 바탕으로 블렌디드 과정을 가르칠 때 수정에 대한 계획을 세우라.

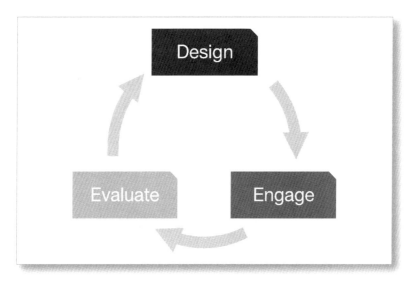

그림 10.1 학생들이 학습 설계에 대해 관심을 가지게 하고, 학습 설계에 따른 효과를 평가하고 필요한 경우 재설계하는 단계를 거쳐 블렌디드 과정 설계를 개선할 수 있다.

10.2 교수(teaching)를 통한 학생 관심 유도

교수 실습은 그 자체로 지침이 될 만한 행위이지만 여러분이 블렌디드 과정을 설계하는 데 있어 학생들의 관심을 효과적으로 끌 수 있도록 도와주는 팁 중 몇 개를 다음과 같이 공유할 수 있다.

● **기술과 연관된 문제를 예상**하고 그에 대해 대응을 준비하라. 문제가 생겼을 경우 '차선책(Plan B)'을 마련하라. 예를 들어, 학습 관리 시스템(LMS)이 작동하지 않는 경우, 이메일을 통한 온라인 토론을 시도해보라.

● **과정 도중에 새로운 활동이나 툴을 웬만하면 추가하지 마라.** 훌륭한 아이디어가 있는 경우, 향후에 진행될 레슨이나 다음 학기를 위해 아껴두라.

- 학생들이 앞으로 어떤 것을 성취하게 되고 그들이 어떤 사람이 될 것인지에 대한 교사의 기대치와 비전을 공유함으로써 **계속 학생들을 고무시켜라.**
- 학생들에게 **기술이 학습의 장벽이 되어서는 안 된다**는 사실을 상기시키고 어려움에 봉착했을 때 도움을 청할 수 있다고 알려줄 것.
- **즉각적이고 유의미한 피드백**을 제공하기 위해 최선을 다하라.
- 바로 잡거나 고쳐야 될 부분을 찾기 전에 학생이 제출한 과제에서 긍정적인 부분을 발견한 후 **건설적인 피드백을 제공할 것.**
- **프로(pro) 등의 기술 사용법을 배워라.** 여러분이 툴을 더 능숙하게 사용할수록 블렌디드 과정은 더 순조롭게 진행되고 여러분은 가르치는 일에 더 쉽게 집중할 수 있게 될 것이다.
- **블렌디드 과정 운영 방식에 대해 매주 본인만의 저널 항목을 제작하라.** 어떤 부분이 효과가 있었고 없었는지를 바탕으로 향후 개정 시 활용할 수 있는 저널 항목을 사용하라.

10.3 무엇이 효과적인지 어떻게 알 수 있나?

노트 이 책에 나와 있는 평가 지표 대부분은 여러분 수업의 효과를 결정적으로 입증하지 않는다. 하지만 블렌디드 과정의 그림을 그리고 향후 과정을 반복할 때 지침으로 삼기 위해 평가 지표를 결합해서 활용해야 한다.

몇몇 교사들은 본인들의 블렌디드 과정 설계의 효과를 알아보기 위해 공식적이고 엄격한 평가 방식에 참여하게 될 것이다. 하지만 여러분이 손쉽게 이용할 수 있는 지표들도 많으며, 이러한 지표를 통해 블렌디드 과정의 효과를 알아볼 수 있다.

학생 수행 결과

교사들은 블렌디드 과정 내에서 해당 학급이 적절하게 운영되고 있는지 여부를 판단하기 위해 과정평가를 고려해볼 수 있다. 블렌디드 과정 내에서의 학생 수행 결과는 면대면 과정이나 온라인 과정의 결과와 비교 가능하다. 동일한 성과가 나온 경우라면 평가 결과도 동일하다고 볼 수 있다.

분석

학습 분석은 해당 과정 내에서 학생들의 웹 사이트 사용 및 활동과 평가에 대한 수행 결과를 설명하고 있는 데이터다. 몇몇 LMS에서는 사용자 분석에 대한 시각 자료를 포함하고 있다. 이를 통해 여러분은 학생들이 과정 내에서 어떻게 행동하는지를 파악한 후 과정 설계에 관한 건설적인 질문을 하게 된다.

예를 들어, 그림 10.2는 전체 학급에서 과제 제출의 적기를 보여주는 분석 차트다.

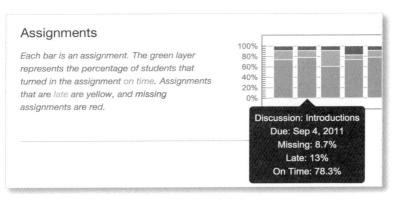

그림 10.2 위에 나와 있는 막대그래프는 학급의 과제 제출 적기를 보여준다.

이 차트에 따르면 많은 학생들이 첫 번째 활동인 퀴즈 1을 빼먹었다는 사실을 보여준다. 두 번째 및 세 번째 활동은 좀 더 많은 학생들이 활동을 완료하긴 했지만 상당수가 시일을 넘겼다. 이 정보를 통해 왜 이런 일이 발생했는지를 알 수는 없지만 여러분으로 하여금 다음과 같은 질문을 던질 수 있도록 해 준다. 가령 학생들은 과정의 초반부에는 본인들에게 어떤 요구 사항이 있는지 알지 못하는가? 블렌디드 과정의 웹 사이트가 학생들이 활동을 완료하지 못하도록 설계되어 있는가?

여러 분석 도구들을 통해 제공되는 시각 자료는 다양하다. 일반적으로 볼 수 있는 시각 자료들은 다음과 같다.

● 시간에 따른 블렌디드 과정 웹 사이트 내에서의 학생 활동
● 페이지 방문 및 페이지에서 소비한 시간
● 퀴즈 혹은 시험 문제의 난이도
● 과제 제출의 적기(그림 10.2)
● 과정 성과의 학생 성취 정도
● 활동 및 평가에 대한 학급의 수행 결과(범위, 평균)(그림 10.3)

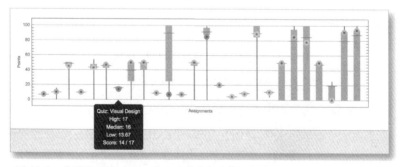

그림 10.3 이 분석 시각 자료는 다른 과제마다 학생들의 점수 분포를 상자그림(box plot) 으로 보여 준다. 상자그림 내 분포 중에서 학생들의 현재 점수는 점으로 표시

학습 분석 대부분의 목적이 교사들이 개입할 수 있도록 학생들의 수행 결과를 예측하는 것이지만 동시에 학생들이 기대치만큼 상호 작용을 하지 못했거나 성공하지 못한 것으로 판단되는 수업에서의 격차를 반영하는 것일 수도 있다.

 가치 있는 정보에 접속할 수 있는 링크 등 웹 사이트상에 분석에 대한 정보를 좀 더 공유한다.

학생 피드백

학생 저널은 학생들에게 학습 내용에 대해 깊이 생각하고 레슨의 어려운 부분을 발견하며 향후 진행될 레슨을 성공적으로 진행할 계획을 세우기 위해서 블렌디드 과정 내에서 정기적으로 활용될 수 있다.

학생 저널은 유용한 학습활동으로서의 역할을 하는 동시에 교사들에게 해당 과정의 난이도 및 효과에 대해서도 알려줄 수 있다.

과정평가는 과정 기간이 끝나는 시점 혹은 학기말에 과정에 대해 학생들이 생각하는 일반적인 피드백을 수집하기 위해 사용되는 기준 관리 툴이다. 교육과정평가는 블렌디드 과정 설계에 대해 구체적인 피드백을 제공하지 않을 수 있지만 학생들에게 부각되는 일반적인 강점 혹은 약점을 강조해 줄 수는 있다.

학생 조사는 교사가 온라인상에 제작해 놓을 수 있다. 조사에 사용되는 질문들은 블렌디드 과정 설계에 맞게 조정되어야 한다. 블렌디드 과정을 처음 시작한 때부터 과정이 진행되는 내내 여러 차례에 걸쳐 조사가 진행될 수도 있다. 왜냐하면 어떤 부분이 제대로 돌아가지 않는 경우 다음에 진행되는 레슨을 변경하고 싶을지도 모르기 때문이다.

여러분이 진행하는 블렌디드 과정의 설계에 좀 더 자신감이 있는 경우라면 학생 조사는 과정 중 딱 두 번만 진행할 수도 있다(예: 과정의 중간 및 종료 시점).

아주 간단하면서도 아주 유용한 조사 질문 몇 개를 소개하면 다음과 같다.

- 이 과정 중 어떤 온라인 및 오프라인 활동이나 자료가 여러분에게 효과가 있었나?
- 이 과정 중 여러분의 학습 증진 및 개선을 위해 어떤 활동이 시행될 수도 있었나?

라이커트 척도(Likert scale)를 이용한 질문을 통해 블렌디드 과정 및 학습에 대한 학생들의 생각을 이해할 수 있다. 각 질문은 표 10.1에 나와 있는 것처럼 문장을 제시하고 이에 대해 동의하는지 동의하지 않는지를 묻는다(한 쪽 끝에 '매우 동의한다'를 놓고 반대쪽 끝에 '매우 동의하지 않는다'를 두고 5단계 척도로 구성).

표 10.1에 나와 있는 문장들은 학생들이 교사가 듣고 싶어 하는 대답으로 가지 않도록 신중하게 작성되어야 한다. 질문에 사용된 문장들은 블렌디드 과정에 대한 학생들의 의견과 블렌디드 과정이 온라인 및 오프라인 활동에 두는 가치를 다루고 있다. 또한 질문들은 설명의 명확성, 웹 사이트 사용의 용이성, 해당 과정이 요구하는 학습량 등 주요한 몇몇 영역 내에서 블렌디드 과정의 설계에 대해 묻고 있다. 어떤 질문은 학습 중심적인 것도 있다.

표 10.1 집단 중심의 주요 활동에서 온라인과 오프라인 활동의 장점 요약

의견	매우 동의	동의	동의도 비동의도 아님	비동의	매우 비동의
이 과정이 블렌디드 수업인 것을 알고 기뻤다.					
오프라인(면대면) 시간은 학습에 도움이 된다.					
온라인 활동은 오프라인 활동보다 더 관심이 간다.					
실제로 면대면 수업에는 갈 필요가 없다.					
온라인 활동에 대한 설명이 혼란스럽다.					
대부분의 사람들이 해당 과정의 웹페이지를 사용하는 방법을 쉽게 이해할 것이다.					
이 과정에서 많은 것을 배우고 있다.					
내가 온라인에서 작업할 때 방해가 되는 기술에 대해 걱정하지 않는다.					
정규적인 면대면 과정이라기보다는 업무처럼 느낀다.					

학생 피드백은 얼마나 여러분의 블렌디드 과정 설계가 잘 돌아가는지에 대한 정보를 얻을 수 있는 하나의 보고다. 학생 피드백을 통해 여러분이 진행하는 교수법의 진정한 효과를 다 알지는 못해도 과정 설계에 나타나는 중요한 문제점이나 개선에 대한 실제 가능성을 알아낼 수는 있다.

학생 피드백이 단순히 '고객 만족도'를 측정할 목적은 아니라는 사실에 주목하라. 그보다는 학생들 본인과 향후 이 과정을 듣게 될 학생들을 위해 학습경험 개선을 목적으로 학습경험의 효과에 대해 곰곰이 생각할 것을 학생들에게 요청해야 한다. 블렌디드 과정은 온라인 활동을 시행하는 경우와 오프라인 활동을 시행하는 경우의 상대적 가치를 구분하는 질문에 특히 신경을 써야 한다. 온라인

과 면대면 방식 중 무엇이 효과가 있는지 학생들이 예리하게 알고 있다는 사실을 알게 될지도 모른다.

인풋이 중요하다고 느끼는 학생들은 더 애착을 가지고 끈기 있게 과정에 참여하도록 동기부여를 받는다. 이를 통해 학생들의 마음을 사로잡아 정서적인 결과를 이끌어 내게 해 준다.

☑ 다양한 정보(학생 수행 결과 데이터, 피드백 등)는 과정 설계의 효과를 측정하기 위해 사용된다.

☑ 향후 과정 반복 시 과정을 수정하는 경우, 과정 설계 평가 내용이 적용된다.

10.4 블렌디드 과정 설계 수정

이 책에서 여러분이 블렌디드 과정 설계를 활용, 평가하고 수정하는 과정을 반복하면서 블렌디드 과정을 지속적으로 개선할 수 있는 단계를 알아보았다. 하나의 레슨이나 전체 과정을 재설계하고 있는 중이라고 할지라도 여러분은 역방향 설계 모델을 바탕으로 각 요소의 효과에 집중할 수 있다.

블렌디드 과정 내에서 교수 학습을 개선하는 일은 힘든 과제가 될 수 있다. 왜냐하면 사용했던 툴이나 기술에서부터 활동에 대한 설계, 학생 개개인의 배경지식 및 태도에 이르기까지 여러 가지 변수들을 고려해야 하기 때문이다. 블렌디드 과정의 성공을 보장하기 위해서는 **활동 및 평가가 온라인 혹은 오프라인에 맞게 설계되어 있는지 여부** 및 온라인과 오프라인 방식을 전환함으로써 성과에 영향을 끼치는지 여부에 항상 의문을 가져야 한다.

모든 학습경험이 본질적으로 실패할 가능성이 있는 급진적인 실험인 경우 학생들에게 끼치는 위험 요소에 주의하라. 대신 **시**

간이 흐름에 따라 조금씩 변화를 가해 보라. 변화된 요소에 의한 효과를 위에서 언급한 방법과 툴을 활용하여 모니터하라.

해당 학기가 끝나고 난 시기보다 레슨 하나를 가르친 직후에 과정을 변경하는 것이 더 쉽다. 피드백과 평가 결과가 여전히 기억에 남아 있을 때 여러분의 레슨 설계에 적용하라. 또한 필요한 경우 차후 레슨에 변경 사항을 적용할 수 있는 기회를 만들 수도 있다.

■ 생각해 볼 문제

여러분의 과정 설계에 대해 곰곰이 생각하면서 이 책에서 제공하고 있는 여러 기준들에 초점을 맞춰 보라. 부록 1에 나와 있는 기준 체크리스트는 쓰기 쉬운 형식으로 모든 기준이 나와 있는 모음집이다(온라인에서도 볼 수 있으며 웹 사이트상에 프린트 버전이 존재). 여러분이 맞닥뜨렸던 기준들을 체크해 보라. 향후 과정을 반복할 때 초점을 맞추고 싶은 기준에 강조 표시를 하거나 별표를 해 두자. 동료들과 기준 목록을 공유하고 어떻게 블렌디드 과정 설계에 잘 적용할 수 있는지에 대해 토론해보라.

지속적인 개선 작업에 참여하는 또 다른 방법은 블렌디드 과정을 가르친 경험이 있는 학내 동료를 찾아내는 것이다. 기술을 활용한 교수법에 초점을 맞추고 있는 전문적인 개발 워크숍이 체계화되어 있는 경우 참조하라. 개발 워크숍이 존재하지 않는 경우, 서로 공유하고 배우고 싶어 하는 다른 교사들로 구성된 개별 모임을 구성하는 것을 고려해 보라. 블렌디드 교수법 및 과정 설계에 좀 더 경험이 있는 교사들은 다른 교사들에게 동료 멘토가 되어줄 수 있다. 다른 사람으로부터 배우는 일은 다른 관점을 받아들이고 새로운 접근법을 발견하며 블렌디드 교수 학습 실습에 참여하기 위한 좋은 방법이다.

블렌디드 교수 학습에 대한 아이디어 및 연구 내용이 나와 있는 웹 사이트와 저널 목록을 공유하고 있다.

☑ 블렌디드 과정을 손볼 때마다 작은 규모로 과정을 개선시킬 수 있는 계획을 세워 보라.

10.5 공유로서의 교수법

가르치는 작업은 공유하는 일이다. 즉, 공유하지 않으면 교육이 아니다.
데이비드 윌리*(2010)*

　여러분이 블렌디드 과정을 가르친 경험을 개방된 웹에 게재하게 되면 지역 사회에 국한되지 않고 공유할 수 있다. 이를 통해 다른 사람들은 여러분의 아이디어와 통찰력을 통해 그 혜택을 누릴 수 있고 여러분 자신도 전 세계 교사 집단으로부터 피드백을 받을 수 있다. 공유를 위한 몇 가지 아이디어는 다음과 같다.

● **블로깅.** 여러분이 운영하는 블렌디드 교수법 저널이 블로그를 통해 게재될 수 있다(학생들의 정보는 확실하게 삭제할 것).
● **게재.** 블렌디드 교수법에 대해서 좀 더 공식적인 평가나 연구가 학술 저널에 제출될 수 있다.
● **공유.** 여러분의 블렌디드 과정에서 사용되는 자료 및 활동을 다른 교사들이 재사용하며, 여러분의 과정을 기반으로 해서 작업할 수 있도록 개방된 교육 자료로써 공유될 수 있다.

웹 사이트상에는 여러분이 읽고 싶어 하거나 여러분의 과정에 대한 내용을 제출하고 싶은 학술 저널 및 발간물에 대한 리스트가 나와 있다.

 개방된 교육 자료 프로젝트에 대한 리스트를 보고 싶다면 웹 사이트를 참조하라. 여러분은 교수 학습 자료를 찾고 공유할 수 있다.

교사들이 공개적으로 자유롭게 학생들과 지식을 공유하는 경우, 그 취지는 학생들의 삶이 더 나아지도록 돕는 것이다. 인터넷 기술을 통해 우리는 학급 내외에서 차별화되게 그리고 좀 더 효율적으로 공유할 수 있다. 블렌디드 과정에서는 온라인 수업을 할 여지가 남겨져 있어야 하기 때문에 비유적인 표현을 쓰자면 학급의 벽을 옮기기 시작해야 한다. 이 작업을 통해 교사들은 온라인 툴과 자료를 이용해 공식적인 교실 수업과 실제 세계의 비공식적인 학습을 연결할 수 있는 강력한 잠재력을 가질 수 있게 된다. 이는 학생들이 매일매일 그들의 일상생활 속에서 향후 해야 하거나 실제로 이미 시행했던 종류의 학습이다. 학습이 조금씩 학급 내로 스며들 수 있도록 할 수 있다(예: 교수법 실습을 단순히 공유하거나 학생들로 하여금 개방된 웹상에 배운 내용을 공유하라고 장려 등).

 여러분의 블렌디드 교수법 실습을 공유하기 위해 현재 바로 사용할 수 있는 블로깅 플랫폼 목록을 찾아보려면 해당 웹 사이트를 참조해 보라.

10.6 요약 및 기준

시작부터 블렌디드 과정 설계를 개선할 계획을 세우는 교사들은 온라인 방식과 오프라인 방식을 가장 잘 결합한 경우를 활용함으로써 학생들이 학습 목표에 다다를 수 있도록 하려는 성향이 더 강하다. 과정 변경 시 평가 및 활동을 수정하고 교사와 학생에게 불필요한 작업을 줄이기 위해 해당 웹 사이트와 활동 모두를 간소화함으로써 성과를 향상시키겠다는 지향점이 포함되어 있어야 한다.

또한 교사들은 의미 있는 방법으로 과정 중 학생들의 관심을 끌어서 과정의 성공률을 높일 수도 있다. 기술 덕분에 교사들이 분석, 조사 등을 통해 블렌디드 과정의 효과를 평가하기가 더 수월해졌다. 집단 상호작용과 더불어 위 정보들을 활용하여 한 번에 레슨 한 개씩 블렌디드 과정을 수정할 수 있다.

기술 덕분에 새로운 블렌디드 교수 학습 실습을 진행할 수 있을 뿐만 아니라 해당 실습 및 경험한 내용을 개방된 웹상에 공유할 수도 있다. 학생들의 생활공간에서 수업을 듣고 학생들과 친숙한 툴을 사용하게 되면 공식적인 학습과 비공식적인 학습 전부를 그들의 일상으로 옮길 수 있다.

☐ 다양한 정보(학생 수행 결과 데이터, 피드백 등)는 과정 설계의 효과를 측정하기 위해 사용된다.

☐ 향후 과정 반복 시 과정을 수정하는 경우, 과정 설계 평가 내용이 적용된다.

☐ 블렌디드 과정을 손볼 때마다 작은 규모로 과정을 개선시킬 수 있는 계획을 세워 보라.

참고 자료

Evans, J. R., & Mathur, A. (2005). The value of online surveys. *Internet Research*, 15(2), 195-219.

Hensley, G. (2005). Creating a hybrid college course: Instructional design notes and recommendations for beginners. *Journal of Online Learning and Teaching*, 1(2), 1-7.

Siemens, G., & Long, P. (2011). Penetrating the fog: Analytics in learning and education. *Educause Review*, 46(5), 30-32.

Wiley, D. (2010, March). *Openness and the future of education*. Presentation at TEDxNYED, New York. Retrieved from http://youtube.com/watch?v Rb0syrgsH6M.

부록 1 블렌디드 과정 기준 체크리스트

과정 목표 및 학습 성과

☐ 과정 설명 요약본에서는 수강 대상자, 과정 목표, 수업 전략 등을 소개한다. (5장)

☐ 과정 목표는 명확하게 기술되고, 과정이 마무리되는 시점에서 과정을 성공적으로 이수하는 학습자에 대해 서술한다. (5장)

☐ 블렌디드 과정의 학습 성과는 온라인 버전 혹은 오프라인 버전의 성과와 동일하다. (1장, 5장)

☐ 학습 성과는 측정 가능하고 구체적이다. (5장)

☐ 학습 성과는 과정 목표와 관련되어 있고 학습자에 중점을 둔다. (5장)

☐ 각각의 학습 성과를 달성하기 위해 충분한 시간이 배정된다. (5장)

☐ 학습 자료 및 활동 등은 학습 성과가 잘 나오도록 지원한다. (4장, 7장)

☐ 온라인 방식이나 오프라인 방식의 특성이 어떻게 학습활동 및 성과를 최적으로 지원해주느냐에 따라 온라인 혹은 오프라인 방식을 선택한다. (4장)

☐ 학습 성과와 평가 간 관계가 분명하다. (6장, 9장)

커뮤니케이션의 용이성

☐ 문체는 명확하고 간결하며 직접적이다. (9장)

☐ 설명과 요구 사항은 간단명료하고 논리적으로 제시된다. (6장, 9장)

☐ 상담 교사나 기술적 도움을 받기 위한 연락처가 강의계획서 내에 나와 있다. (9장)

☐ 강의계획서에는 학생 참여도에 대한 기대치가 나와 있다. (9장)

☐ 강의계획서에 나온 일반 레슨에 대한 개요 및 자세한 설명을 토대로 학생들은 학급의 진행 흐름대로 학습을 진행한다. (9장)

☐ 과제에 대해 명확한 기대치 및 기준이 학생들에게 제시된다. 필요한 경우 설명을 위해 예시가 포함되어 있다. (6장)

- [ ] 성적에 반영되는 과제의 제출 방식이 명확하다. (6장, 9장)
- [ ] 동료 비평 및 평가를 위한 기준 및 절차가 명확하다. (6장)
- [ ] 학습 자료들은 평가가 오프라인 혹은 온라인에서 언제 시행되는지를 지속적으로 알려준다. (9장)
- [ ] 과업 혹은 프로세스 내에서 순차적 단계를 나타내기 위해 숫자가 사용된다. (9장)

교육학적 및 조직적 설계

- [ ] 연락처, 개요, 요건, 가이드라인 등을 포함하는 강의계획서는 해당 강의의 시작부터 강의가 진행되는 내내 볼 수 있다. (9장)
- [ ] 입문 및 요약은 단원의 처음과 끝에서 제공된다. (9장)
- [ ] 기억에 더 잘 남을 수 있도록 정보 단위가 점진적으로 크기가 커지는 덩어리로 쪼개어져 있다. (7장)
- [ ] 콘텐츠의 구성 요소들은 논리적인 순서에 따라 제공된다. (9장)
- [ ] 교육학적 단계가 단계별로 진행되며, 이는 학습 주제에 적절하다. (7장)
- [ ] 교사의 피드백 등 새로운 정보를 얻은 후에는 해당 정보를 적용할 수 있는 기회가 학생들에게 주어진다. (6장, 7장)

- [ ] 온라인 활동들은 오프라인 활동을 참조하고 오프라인 활동과 연관되며, 오프라인 활동들은 온라인 활동을 참조하고 온라인 활동과 연관된다. (7장, 8장, 9장)
- [ ] 블렌디드 과정의 학습량은 온라인 버전 혹은 오프라인 버전과 동일하다. (4장)

관심을 끌 수 있는 학습

- [ ] 학습활동들은 자주 시행되며 다양하다. (7장)
- [ ] 활동들을 통해 과정의 내용 및 개인 간 커뮤니케이션과 관련된 상호작용이 활발하게 진행된다. (7장)
- [ ] 레슨은 이야기나 사례 연구, 질문, 도전 과제 등으로 시작해서 학생들의 관심을 끌고 성과를 의미 있게 만든다. (9장)

- [ ] 이야기, 일화, 감정 혹은 사람들 간의 갈등을 활용하여 적절한 시기에 현실 세계 와의 관련성을 보여준다. (7장)
- [ ] 프레젠테이션을 명확하게 전달하기 위해서 예시나 모델, 사례 연구, 삽화 등이 포함된다. (7장)
- [ ] 반성 및 반성적 활동들은 과정 내내 진행된다. (8장)
- [ ] 학습 자료는 현실에 존재하거나 현실 적용과 연관된다. (7장)
- [ ] 콘텐츠는 지식의 과부하를 피하기 위해 간단하고 명확하게 설계된다. (예: 글로 작성된 텍스트를 보여주면서 동시에 이야기하는 것을 피함, 장식용으로 산만한 이미지 사용을 피함, 한꺼번에 너무 많은 양의 정보를 제시하는 것을 피함 등) (7장)

협동 및 집단

- [ ] 활동들을 통해 과정의 내용 및 개인 간 커뮤니케이션과 관련된 상호작용이 활발 하게 진행된다. (8장)
- [ ] 다른 사람들(학우, 수업에 초청된 연사 등)의 전문 지식을 전수 받기 위해 그들과 의 상호작용이 학생들에게 권장된다. (8장)
- [ ] 학습자들은 본인의 학습에 대해 때로는 타인의 학습에 대해 책임을 진다. (8장)
- [ ] 학생들이 교실 밖에서도 만날 수 있도록 온라인 공간(예: 토론 게시판, 소셜 네 트워크 등)이 활용되고 있다. (8장)
- [ ] 블로그가 사용되는 경우, 해당 블로그는 공유 및 토론을 위해 학습자 소유의 공간 으로 제작된다. (8장)
- [ ] 적절한 경우 학습 자원을 공유하도록 학생들에게 권장한다. (8장)
- [ ] 토론은 온라인의 비동기적 특성과 오프라인의 동기적 특성을 활용하도록 설계된 다. (8장)
- [ ] 활동들을 통해 학생들은 본인들의 방식으로 사생활을 유지할 수 있다. (8장)

평가 및 피드백

- [ ] 과정에는 현재 진행 중인 평가 및 자주 진행되는 평가가 포함된다. (6장)

☐ 성적에 반영되는 요소와 반영되지 않는 요소가 명확하게 구별된다. (6장)

☐ 성적에 반영되는 과제는 다양하다(예 : 특별 프로젝트, 반성적 과제, 연구 논문, 사례 연구, 프레젠테이션, 공동 작업 등). (6장)

☐ 평가를 통해 학습자들이 도달해야 하는 학습 성과를 어느 정도에서 얻을 수 있을지 결정된다. (4장, 6장)

☐ 오프라인 평가는 물리적 실체감, 즉시성, 대인 간 상호작용을 활용한다. (6장)

☐ 기준/채점기준표는 학습자에게 특정 과제에 대해서 어떻게 평가를 진행할 것인지를 명확하게 알려주고, 유용한 피드백을 제공한다. (6장, 8장)

☐ 실습을 지원하고 진도에 대한 유연성을 증가시키기 위해 자가 수정 및 자기평가 활동은 과정 내내 활용된다. (6장, 7장)

☐ 다양한 출처의 피드백을 통해 학습 내용이 바로 잡히고 분명해지며 더 자세히 서술되고 범위가 확장된다. (6장)

☐ 자동으로 제공되는 피드백을 통해 오답에 대한 정정과 함께 정답에 대한 설명이 제공된다. (6장)

☐ 교사의 피드백은 적절한 방식으로 제공된다. (6장)

☐ 학생들은 교사로부터 피드백을 받는 시기와 방법에 대해 알고 있다. (6장, 9장)

학점 산출

☐ 성적에 반영되는 과제에 대한 분량 및 제출일은 합리적이다. (6장)

☐ 표절이나 부정행위, 저작권이 있는 자료를 제대로 인용하지 못한 데 대한 결과가 명확하게 명시되어 있다. (6장)

☐ 성적에 반영되는 활동 전부는 강의계획서 내에 거짓 없이 나와 있다. (9장)

☐ 채점 기준이 해당 과정의 강의계획서와 과제 혹은 활동 자체에서 그 개요가 설명되어 있다. (9장)

☐ 학점 구성 요소와 최종 학점 간 관계가 명확하다. (6장)

☐ 학생들은 본인의 학습 진행 상황을 쉽게 추적할 수 있다. (6장)

접근의 용이성

☐ 과정의 웹 사이트는 학생들이 학습 목표를 향해 나아갈 수 있도록 지도하고 안내하도록 구성되어 있다. (9장)

☐ 해당 과정의 웹 사이트는 관련 활동까지 접근하는 학생들의 항해를 위해 가장 짧은 경로를 제공한다. (9장)

☐ 과정의 학습 자료 및 참고 자료에 직접 링크되어 있다. (9장)

☐ 레슨 한 회 내에서 등장하는 청각 및 시각 자료는 간단해야 한다. (7장)

☐ 참고 자료는 사람들이 흔히 사용하는 포맷으로 제작되어 모든 학생들이 이용할 수 있다. (7장)

☐ 외생적 인지 부하를 야기할 수도 있는, 꼭 필요하지 않은 자료들은 피한다. (7장)

준비 및 개정

☐ 블렌디드 과정을 손볼 때 마다 작은 규모로 과정을 개선시킬 수 있는 계획을 세워 보라. (4장, 5장, 10장)

☐ 향후 과정 반복 시 과정을 수정하는 경우, 과정 설계 평가 내용이 적용된다. (4장, 10장)

☐ 다양한 정보(학생 수행 결과 데이터, 피드백 등)은 과정 설계의 효과를 측정하기 위해 사용된다. (10장)

☐ 해당 과정의 웹 사이트는 유용성에 대한 주요 문제를 밝히기 위해 비전문가들에 의해 테스트를 받는다. (9장)

블룸의 교육목표분류학 주요 인지 과정

인지 영역의 범주에 학습 성과 맞추기

여러분은 아마도 예전에 인지 영역에 대한 블룸의 교육목표분류학을 접해보았기 때문에 친숙할 것이다. 부록에서 이 분류법을 다시 소개하는 이유는 학습 성과를 계획하고 해당 성과를 위한 평가 및 활동에 있어 유용한 도구이기 때문이다.

여러분이 특정 학습 성과에 대해 작성할 때 각각 어떤 인지 영역에 해당하는지를 확인하라. 학습자들이 해당 학습 성과를 달성하기 위해서는 미리 갖추어야 할 인지 스킬을 보유하고 있어야 한다는 점을 확인하라. 그렇지 않은 경우, 이 기본적인 인지 스킬을 교정하거나 그렇지 않으면 다루는 단원 내에서의 활동을 계획할 필요가 있을지도 모른다.

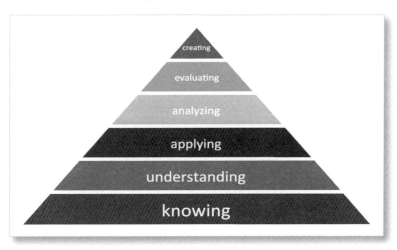

그림 A2.1 이 계층 피라미드는 블룸의 (수정) 교육목표분류학에 나오는 각 단계별 인지 스킬 진행 과정을 나타낸다.

블룸의 교육목표분류학은 인지 영역(즉, 정신적 지식 및 스킬이라는 광범위한 분야)에 적용된다. 심리학자들은 정신 운동 영역(즉, 신체 기능)과 정서적 영역(예를 들면 감정이나 태도 등) 등의 다른 영역들을 알아보고 있다.

인지 영역 외의 다른 영역들은 학습자들의 성공에 중요한 역할을 하며 간과되어서는 안 된다. 이 책이 주로 인지 영역에서의 평가 및 활동을 설계하는 데 초점을 두고 있지만 성공적인 학습을 위해 학생들의 자기 관리(self-regulation)를 도모하는 수단으로 정서적인 영역에도 신경을 쓰는 것을 권장하는 바이다.

학습 성과에 대해 작성 중이라면 인지 영역의 어떤 단계에서 평가를 받을 것인지에 대한 노트를 만들어라. 예를 들면,

● 지구의 크러스트의 표면을 구성하고 있는 판과 경계에 이름을 말한다(지식).
● 지구의 내부층을 그려서 설명한다(이해).
● '대륙 이동설' 이론을 설명한다(이해).
● 핫 스팟(hot spot) 등 대양저 확대설의 증거를 분석한다(분석, 적용).
● 해저 침전물의 두께와 나이가 다른 것을 설명하기 위해 대양저 확대설 이론을 적용한다(적용, 이해).

여러분의 학습 성과가 인지 영역 중 어느 단계에 해당하는 지 결정하기 힘든 경우 표 A2.1을 참조하길 바란다. 표에는 각 단계를 파악하기 위해 도움이 되는 동사들을 나열해 놓았다.

모든 과정이 인지 영역의 각 단계에 들어맞는 것은 아니다. 1학년을 대상으로 하는 생물학 과정 등의 기초 과정에서는 처음 두 단계 혹은 세 단계만 관련이 있는 것이 당연하다. 그리고 몇몇 심화 과정들은 인지 영역 중 상위 단계에만 주의를 기울이고 하위 단계는 그저 부수적으로만 관여할 지도 모른다. 반대로 어떤 교사의 경우는 상위 단계에서의 **행위**에 대한 당연한 성과로 인지 영역의 하위 단계를 다룰 수도 있다.

블룸의 교육목표분류학의 인지 영역 내 각 범주나 단계는 여러 가지 주요 프로세스로 설명될 수 있다. 이러한 프로세스를 표현하는 동사들은 특정 학습 성과를 작성할 때 유용하다.

표 A2.1 인지 영역과 그에 따른 관련 동사

인지 영역	주요 프로세스
지식(Know)	인지하다(Recognize) 상기하다(Recall)
이해(Understand)	해석하다(Interpret) 분류하다/그룹으로 나누다(Classify/group) 추론하다(Infer) 비교하다(Compare) 설명하다(Explain) 요약하다(Summarize)
적용(Apply)	실행하다(Execute) 시행하다(Implement)
분석(Analyze)	차별화하다/구별하다(Differentiate/distinguish) 조직하다/구성하다(Organize/structure) 특징짓다/상징하다(Attribute/represent)
평가(Evaluate)	점검하다/검증하다(Check/verify) 비평하다(Critique)
창작(Create)	계획하다/설계하다(Plan/design) 만들어 내거나 가설을 세우다(Generate or hypothesize) 생산하거나 구성하다(Produce or construct)

교수 학습 우수성을 위한 센터(Center for Excellence in Learning and Teaching)는 인지적 영역에 대한 블룸의 교육목표분류법을 4단계의 **지식**차원으로 구성된 상호적 3D 모델을 웹 사이트에서 제공한다.

(www.celt.iastate.edu/teaching/RevisedBlooms1.html)

참고 자료

Heer, R. (2011). A model of learning objectives - Based on A taxonomy for learning, teaching, and assessing: A revision of Bloom's taxonomy of educational objectives. Ohio State University, Retrieved January 2012, http://www.celt.iastate.edu/teaching/RevisedBlooms1.html

Krathwohl, D. R. (2002). A revision of Bloom's taxonomy: An overview. *Theory into Practice*, 41(4), 212-218.

∥ 찾아보기 ∥

블렌디드 러닝: 이론과 실제

1판 1쇄 발행 2016년 9월 20일
1판 2쇄 발행 2020년 12월 30일

원　　제 | Essentials for Blended Learning: A Standards-Based Guide
지 은 이 | Jared Stein(제러드 스타인)·Charles R. Graham(찰스 그레이엄)
옮 긴 이 | 김도훈·최은실
펴 낸 이 | 김진수
펴 낸 곳 | 한국문화사
등　　록 | 제1994-9호
주　　소 | 서울특별시 성동구 아차산로49, 서울숲코오롱디지털타워3차, 404호
전　　화 | 02-464-7708
팩　　스 | 02-499-0846
이 메 일 | hkm7708@hanmail.net
홈페이지 | http://hph.co.kr

ISBN 978-89-6817-390-5 93370

· 이 도서의 국립중앙도서관 출판예정도서목록(CIP)은 서지정보유통지원시스템
　홈페이지(http://seoji.nl.go.kr)와 국가자료공동목록시스템(http://www.nl.go.kr/kolisnet)에서
　이용하실 수 있습니다.(CIP제어번호: CIP2016021898)